마음 따뜻한 12가지 문답

그림책 저널치료

한성규 지음

추천의 말

누구나 책을 쓸 때는 목적이 있고, 동기가 있습니다.

한성규 선생님의 책을 보면서는 아이들을 사랑하는 마음을 읽을 수 있어서 좋았습니다. 그리고 그 사랑이 그림책 저널치료라는 소중한 열매를 만들어 내었습니다. 아이들은 이런 아름다운 몸짓에 대답하여 마음 밭을 바꾸고 희망을 뿌리고 평화의 꽃을 피워갔습니다.

이론으로만 설명되어진 것이 아니고 아이들과 함께 수십 년을 뒹구르며 삶에서 해답을 찾은 것이기 때문에, 이론을 넘어서 현실로 다가왔습니다.

우리는 어떤 경우에도 아이들을 포기하지 않고 함께 가야합니다. 하지만 이 일은 너무 어렵기 때문에 혼자가기가 힘듭니다. 이럴 때 본 저서는 우리에게 함께 갈 수 있는 힘을 주는 친구가 될 수 있을 것입니다.

2018.5.10

원동연

(국제교육문화교류기구 이사장)

머리말

그림책 저널치료는 설레는 말입니다. 진실을 밝혀내는 탐사보고처럼 들립니다. 그림책이 있는 현장을 취재한 기사 같기도 합니다. 그림책에 대한 진실을 파헤치는 논문인가 싶을 때도 있습니다. 그렇습니다. 저널치료는 진실을 찾아가는 과정의 기록입니다. 그림책 저널치료에서 탐구하는 대상은 자기 자신입니다. 그리고 그림책은 자신의 참모습을 찾는 여정에 함께 있어주는 좋은 친구입니다.

저널치료는 자기실험입니다. **투자비용은 마음에 든 그림책 한 권과 30분간의 여유입니다. 그림책을 감상하는 데 10분, 생각을 짓는 데 10분, 글을 완성하는 데 10분입니다.** 여유시간을 60분으로 늘려 누군가와 함께 하면 즐거움이 더해질 수 있습니다. 같은 경험을 함께 저장한다는 것은 굉장히 흥분되는 일이니까요.

좋은 질문이 좋은 치료입니다. 그림책 저널치료의 상담자는 '질문'입니다. 따뜻한 12가지 질문이 ①진단하고, ②동기를 부여하고, ③치료하는 과정까지 안전하게 안내할 것입니다. 질문은 자신의 마음을 잔잔하게 어루만져주는 위로자입니다. 더 자세히 보고 깊게 생각하며 통찰에 이르게 하는 길잡이며, 전문의가 환자의 상태를 이해하고 분석하고 처방하는 문진과 같습니다.

그림책 저널치료는 둘이 셋이 함께 하면 더 즐겁도록 설계했으며 치료적 효과는 질문의 순서에 두었습니다.

'따로 다같이'는 그림책 저널치료에서 사용하는 말이며, 두셋이 함께 하는 활동을 의미합니다. 혼자 견디는 것을 방지하는 선물과 같습니다. ① 적절한 그림책을 선정하는 일, ② 정신세계에 자극을 주고 변화를 유도하는 일, ③ 자신에게 제기된 문제를 해결하려는 도전과 세상을 긍정적으로 바라보고 자신의 감정을 있는 그대로 표현하는 데 중요한 동반자가 될 것입니다. 공감은 앎이 아니라 경험의 나눔이니까요.

상담치료가 우리의 참모습을 찾아가도록 돕는 건 확실합니다. 정신세계가 오염되기 쉬운 현대사회에서는 정기적인 점검이 필요합니다. 그러나 비용과 시간이 많이 들어가고 사회적인 낙인이 찍힐까하는 두려움이 있는 게 사실입니다. 거기다 상담을 해 본 사람은 알겠지만 상담자의 반응에 신경 쓰느라 아픈 상처가 더 후벼 파지는 느낌도 감당해야 합니다. 상처를 내고 약을 바르기보다, 상처가 나지 않도록 미리 예방하는 것이 훨씬 더 좋습니다.

문학 읽기는 독서이며 자기치료입니다. 시와 소설 그리고 수필의 화자들은 독자와 대화하기 위해 태어났습니다. 문학의 특기가 '은유'와 '돌려 말하기'이므로, 두려움이나 분노 같은 긴장에서 벗어나 맘껏 말 붙여볼 수 있습니다. 직접적인 대화처럼 감정이 폭발하지 않습니다. 그러다가 스스로 답을 얻고 개운함을 느끼는 것이지요. 마음이 움직이는 대로 글을 써 내려가면서 개운함을 느낄 수도 있습니다.

두세 가지 일이 엉켜있을 때 한 줄 글로 끼적이면 실마리가 풀립니다. 기존의 틀에서 벗어날 수 있습니다. 의외로 안정감을 느끼는 것이지요. 진정 부담 없는 무의식의 표현이 글입니다. 그래서 글쓰기가 자기치료입니다.

그러나 아무 생각 없이 쓰는 것도 쉬운 일이 아니며, 솔직하게 쓰는 것 자체가 묵직한 부담입니다. 무의식의 의식화로 끊임없이 자기검열을 하게 합니다. 글은 말보다 자기 노출이 절제되어 안전할 수 있으나 누군가의 평가를 예고하는 것 같아 꺼려집니다.

글을 써가면서 찾아오는 해방감을 갈망하며 그림책 저널치료를 구상했습니다. 문학치료와 글쓰기치료가 결합한 새로운 시도이지요. 그림책이 주는 힘은 강력합니다. 그림책은 문학이며 그림이라는 속성상 회화예술입니다. 문학과 회화의 융합이어서 일까요? 프로그램 참여자들의 반응은 상상 이상이었습니다. 자신의 입으로 '행복'이라고 고백하고 천사처럼 웃으시는 은퇴 교직자의 반응은 참 놀랍기만 했습니다. 그림책 읽어주는 좋은 할머니가 되려고 참여했다가 행복한 할머니가 되었다는 소감이 인상적이었지요.

그림책의 독자는 나이와 상관없습니다. 그림책은 누구에게나 자신의 마음을 비춰주는 거울이니까요. 중요한 건 지금 현재의 마음을 자연스럽게 표현할 수 있는가 입니다. '자기표현'은 어린이들에게 창의적 사고의 출발입니다. 청소년들에게는 자기정체성이며 자기효능감이지요.

자신의 비전을 선포하고 실현해나가는 과정이 청년들의 자기표현입니다. 부모입장에서 자기표현은 자녀교육의 지향점이며 자기완성입니다. 전 생애 맞춤 프로그램으로 적용하기 참 좋았습니다.

자기성장은 기존의 틀을 깨뜨린 아픔의 상징입니다. 시련을 맞이하고 변화를 동경하며 어색함을 견디는 기다림입니다. 내가 진정 원하는 것이 무엇인지, 내가 정말 하고 싶은 말이 무엇이었는지, 그렇게 유연한 대처가 자아탄력성을 키우고 열정을 데웁니다. 그리고 보다 가치 있는 선택을 하려고 용기를 냅니다. 내가 내 마음에게 혼잣말로 '괜찮아, 괜찮아'하는 다독거림입니다.

자신에게 닥친 시련을 혼자 견디는 것은 쉽지 않습니다. 곁에 있는 소중한 사람에게 말 붙여본 적 있으신가요? 믿기 어렵지만 상대방의 반응에 몸서리칠 수도 있습니다. 말은 향기를 잃고 용기를 잃어 '독'이 되기도 합니다. 마음의 문을 단단하게 걸어 잠그고 기존의 틀을 유지하려고 저항하려할 것입니다. 이것이 자기방어입니다. 스스로를 가치 없는 사람으로 느끼게 만듭니다. 관계가 깨지고 자아가 깨지고 세상을 왜곡하여 바라보게 됩니다. 자신을 괴롭히는 경험들로 마음을 채우게 되지요. 사람들의 시선이 귀찮고, 신경을 쓰느라 늘 불안하고, 삶이 많이 고단하고, 사는 것은 의미가 없고, 지인들과의 식사자리가 부담되고, 위경련이나 만성두통과 같은 증상을 앓을 수도 있습니다.

자신의 말에 귀를 기울여서 듣는 사람을 만나야 합니다. 우리는 대개 나의 아픔과 고통을 누군가한테 온전히 인정받을 때 편안함을 느끼기 때문입니다. 누군가에게 받아들여지는 느낌은 놀라운 반응을 일으킵니다. 심지어 그 누군가가 자신일지라도 그 반응은 전혀 다르거나 퇴색하지 않습니다. 즉, 머릿속 생각이 반듯하게 정리되면서 혼란스러움에서 벗어날 수 있게 됩니다. 곧 마음의 치유이며 자기정화이지요. 그런 점에서 자기성장은 상처의 크기와 비례하는 것 같기도 합니다.

많은 어린이들이 방에서 뒹굴고 싶은 여름방학이었습니다. 마을 도서관에서 그림책 12권으로 12회에 걸쳐 프로그램을 진행했습니다. 어린이들이 변화하는 모습은 한편의 파노라마였습니다. 자신의 경험을 소중하게 다루는 어린이들의 섬세함은 감동을 일으킵니다. 그 감동을 고스란히 옮기는 데 한계를 느끼며 한 권의 책으로 엮었습니다.

책으로 옮기는 내내 어린이들의 그 천진난만은 온데간데없이 사라지고 이삭만 남은 것 같아 안타까움을 느끼곤 했습니다. 그저 바라기는, 부끄러운 글재주를 감출 수 없기에, 어린이들의 기지와 위트가 팔딱거리게 해주는 것뿐입니다.

그림책 저널치료는 문학의 한 장르입니다. 자신이 누구인지 알아볼 수 있는 단서를 문학적으로 가공하는 글쓰기이지요. 때문에 비밀 많은 누구에게라도 딱 어울립니다.

한 어린이가 자기는 '글줄' 많은 책이 좋은데, 글쓰기를 위해 그림책 읽기가 나쁘지 않았다고 합니다. 자신의 생각을 완성할 수 있어서 좋았답니다. 뭐든 완성이 최고잖아요. 끝까지 인내하는 법을 배운 것으로 보입니다. 글쓰기 실력이 인성을 거름지게 하고 북돋고 있다는 생각이 듭니다. 도톰한 저널 북을 아빠한테 보여주고 싶다는 말이 귀에 남습니다. 지켜보는 내내 사랑스러웠습니다.

아직 학습된 사고방식에 길들여지기 전의 어린이들이 글쓰기를 너무나 즐거워했습니다. 몇몇은 글쓰기와 그림그리기에 대해 주저하고 불편해하기도 했습니다만, 여전히 곧 즐거워합니다.

이제 독자의 차례입니다.
특히 세상의 모든 엄마와 선생님들, 또는 심리상담지원서비스를 공부하는 사람이라면 아이들의 맑은 영혼이 말붙이는 글속에서 따뜻한 위로를 받으실 것입니다.

2018.6.10

한성규

차 례
Contents

• 추천의 말 2

• 머리말 3

• 만수의 마음 기지개 13

• 당신의 내면아이를 만나보세요. 19

제 1 부 마음을 비추는 그림책, 생각을 키우는 글쓰기 24

1. 관계를 밝히는 글쓰기 26
   저널이 뭐하는 거예요? / 스스로 질문하고 답하기

2. 자기표현이 문제해결이다 31
   통해야 소통이다. / 가장 인상적인 딱 한 장면은 뭐였어?

3. 진정한 소통은 반걸음 더 들어간다. 38
   봐도 돼요? / 존중받은 느낌이다.

4. 그림책 선정은 이렇게 43
   어떤 책이 좋을까? / 내가 뽑은 세 권의 책

5. <따로 다같이>와 <따뜻한 열두 질문> 47

제 2 부 글쓰기가 쉬워지는 12가지 질문 52

1. 이 그림책 어때? 54
할머니 무릎에서 / 다문화적 창작모티브

2. 여기 있던 색깔 다 어디로 사라졌을까? 60
그림책, 시각언어로 상상 / 어른과 어린이가 함께 읽는 그림책

3. 누구 이야기일까? 66
그림책의 서사 / 그림책에서 보물찾기

4. 왜 멍할까? 71
접촉과 물리침의 경계 / 게슈탈트, 10초의 용기

5. 인상적인 한 장면은? 77
한눈에 사로잡은 이미지 / 평화의 꽃으로 피어난 이야기

6. 핵심감정의 느낌말은? 83
마음의 체기 / 콤플렉스에서 해방

7. 그런 느낌 든 적 언제였지? 91
자동적 사고가 멈추면 / 자세히 보아야 예쁘다.

8. 다시 보니 어때? 98
인성을 되새기는 인지발달 / 자기스타일

9. 자기 이야기에 이름을 지어볼까? 109
생각은 어디에 있을까? / 성숙한 자기조절이 메타인지

10. 말로 할래, 글로 쓸래? 122
생각의 주인 / 생각을 쓰다.

11. 글짓기의 씨줄날줄은? 132
글의 개요 짜기 / 문학이 좋아, 과학이 좋아?

12. 네 글도 읽어줄래? 142
그냥저냥 자기첨삭 / 주인공 되는 날

13. 저널 북 집에 갖고 갈래요. 147

제 3 부 마음의 평화가 관계회복이다. 152

1. 저널치료는 자기통찰이다. 154

2. 만수가 자존감을 되찾다. 160

3. 자기결정력이 낳은 포부 165

• 꼬리말 170

만수의 마음 기지개

내가 그림책 저널치료를 시작한 것은 만수와 같은 또래들이 지체장애나 다운증후로 정신의학의 처치가 필요 없어 보였기 때문이었다. 소란스럽기는 했지만, 체면치레와 위신 같은 것 없이 솔직함을 감추지 않는 민낯의 표정들이 편안했다. 굳이 또래들의 마음을 사로잡기 위해 웃는 연습을 할 필요가 없었고, 예리한 질문에 당황할까봐 조마조마하지 않아도 되었으며, 텔레비전에 나오는 유명한 사람들과 스스로를 비교해 위축될 까닭도 없었다. 옷 색깔이 어울리는지, 눈 화장이 촌스럽지 않는지, 남모를 열등감이었던 강박적 소심증까지 또래들에게는 그다지 신경 쓰이지 않았다. 거추장스런 치장을 좋아하지 않는 그대로 편안했다.

어린 시절에는 방학을 맞아 농활을 와서 나보다 두세 살 어린 조무래기들을 돌보는 언니오빠들의 잔심부름을 하기도 했고, 자라서는 자취방 앞 성당의 유치원생들에게 그림책 읽어주는 일을 하다가 대학원에 진학했으며, 대단찮은 능력을 귀하게 여겨주는 교육연구소에서 월급이랄 것도 없이 4대보험이나마 꼬박꼬박 받을 수 있다는 데 만족했었다. 그러니 오십 넘은 나이에 걸어서 5분 거리에 있는 도서관을 찾아 세상에서 가장 천진난만한 또래들과 글을 갖고 노는 것은 어찌 보면 자연스러운 선택이었다.

성공해야 한다거나 형식에 맞추려거나 눈에 띄게 경쟁하거나 혹은 작은 실수에도 낯 부끄러워하는 또래들이었다면 애초부터 시도하려들지 않았을 것이다. 기대에 걸맞게 또래들은 평범하게 무리 없이 그림책 저널치료를 해냈다. 그림책 속의 그림을 본 떠 색칠하고, 소리 내어 읽어주는 이야기에 귀를 기울이고, 자신이 겪었던 일을 소개하기도 하고, 질문에 답하려고 머리를 쥐어짜기도 했고, 저널 북을 펴서 글쓰기도 했다.

저널치료 12회기를 마치기 전까지 만수는 특별하게 눈에 띄는 아이가 아니었다. 솔직히 말하자면, 아홉 살 만수를 처음 만났을 때 끌리지도 않았다. 제 또래보다 한 살 많아 보이는 큰 키와 무엇이든 잘 먹었음 직하게 보이는 통통한 어깨, 움푹하게 괴인 속귀가 보이는 짧은 머리와 그림자 없이 팽팽한 마늘쿳방울, 깜찍하게 보이는 것을 꺼려하는 듯 연하고 진한 쥐색 줄무늬의 옷차림, 엄마의 깔끔한 손길이 배인 흰색 스포츠 양말을 신고 만수가 저널치료 책상으로 다가왔다. 바닥에 묻은 껌딱지에 양말이 붙어 잘 떨어지지 않는지 한 발 한 발 셀 수 있을 걸음걸이로….

만수는 말수가 적은 편이었다. 부산한 행동을 보이는 일은 드물었고, 또래들이 큰소리를 질러도 관여하지 않았다. 어쩌다 뛰어가는 또래에게 부딪쳐 몸이 흔들려도 꼬나보거나 귀찮아하지도 않았다. 또래들이 그림책에 정신이 팔려 멍 때리고 있는 동안 만수는 자신의 발가락 탐구에 열중하고 있었다. 만수의 시선이 관심가질 만 한 것은 기껏 제 몸 관찰 정도였는데, 손가락 두 개를 입술 사이에 넣고 맛을 보거나 모로 누운 엉덩이의 가려움에 반응하는 것들이었다. 책은 표지를 열어보기도 싫을 만큼 따분한 존재로 인식하는 것으로 보였다.

글쓰기 때만 책상에 앉아 말없이 색연필을 골랐다. 사실, 그런 만수와 눈을 맞추고 채근하기가 그다지 재미있을 리 없었다. 순간순간 자동차에 쫓기는 것처럼 급제동하는 또래, 질문이 채 끝나기 전에 성급하게 다른 말하는 또래, 제 차례를 기다리지 못하고 끼어드는 또래들을 뜯어말리는 데 피곤함을 느끼던 터였기에 오히려 감사히 여겼다.

한 가지 만수에게 남다르다고 할 만한 점이 있다면 글쓰기를 할 때마다 색연필을 두 개씩 사용한다는 것이었다. 채도 낮은 보라색과 담갈색의 끼적거림! 우연히 만수의 저널 북을 넘기다가 이집트의 상형문자 같은 표시를 발견했을 때 조금 의아했다. 혹 만수가 글로 표현하는 것에 미숙함을 갖고 있는 건 아닌지를 판단하기 위해 잠시 새로운 눈으로 아이의 글씨를 관찰했다.

만수의 글에는 맞춤법이 어긋나 있지 않았다. 특정 학습장애가 아니라면 심리적 결핍인가? 이해할 수 없었다. 뻗친 글자 획들은 틀림없는 한글자모였다. 곡선 이응(O)도 혼란스럽게 덧칠한 색채 속에서 찾을 수 있었다. 차라리 색연필을 한 개만 들고 썼더라면 읽어내지 못했을 것이다.

줄쳐진 공책을 건네자 만수가 연필을 사용했다. 작고도 작은 글씨들이 반듯한 줄 밑으로 떨어지지 않으려고 아슬아슬하게 걸쳐 있었다. 널찍널찍하게 휘갈긴 저널 북의 글씨와 상당히 대조적이었다. 글씨를 크게 쓰라고 하자, 만수는 눈을 동그랗게 뜨고 줄 없는 저널 북을 다시 달라고 했다. 어느새 두 개의 색연필이 만수 손에 쥐어있었다. 안 혼나니까, 줄 넘어가면 견딜 수 없다는 듯 만수가 도리질했다.

나야 부모님이 시켜서 공부해 본 적이 없으니 억지로 하는 읽고 쓰기가 얼마나 숨 막히는 것인지 알 길이 없었다. 모든 또래들이 만수만큼 읽고 쓰기를 싫어하지 않으리라는 것만은 확실해 보였으므로 만수의 과민함이 조금

의아했을 뿐이다. 그뿐이었다. 올해로 도서관에 발을 들여놓은 지 7년차에 접어들었으나, 애초에 자원봉사로 시작했으니 슬슬 활동을 접을 때도 되지 않았나 하는 생각을 했을 뿐이다. 프로그램 종료 직전 만수가 던져놓고 간 '감정단어' 공책을 발견하기 전까지는.

〈그림책 저널치료〉가 또래들의 전인격적 성장에 필요한 교육적도구라는 것을 상상한 적이 없었다. 심리적으로 억눌린 속살이 기지개를 켜고 솟구치는 자발적 동기가 세상을 다르게 바라볼 수 있게 하리라는 기대는 있었지만, 그림책으로 널브러져 있는 도서관에서 글쓰기를 사이에 두고 벌어지는 싸움판을 놀이판으로 바꾼 건 확실하지만.

고개를 수그리고 경계하던 또래들이 스스럼없이 팔딱거리는 것은 학교나 학원과 같이 꽉 짜인 틀이 없어서라고 생각했다. 민낯 그대로 거칠게 내뱉는 외마디들이 듣기 거북할 때도 많았지만 또래들의 순수를 방치했다. 또래들이 써낸 글은 어휘가 빈약하다고 할 수 없으나 문장이 수려하다거나 논리가 조직되었다고 볼 수 없기에, 첨삭을 한들 상태가 변할 리는 없었다. 그저 지우개를 맘껏 사용하게 내버려두고 투정을 맘껏 받아주며 끝까지 기다려주는 것 외에 달리 할게 없었다. 어디까지나 실험에 가까운 도전이라서 그림책의 주제만큼이나 다양한 또래들의 반응을 살피고 적절하게 대응해 왔을 뿐이다.

그림책 저널치료의 매혹에 다시 빠져든 것은 만수의 숙제 공책을 대했을 때였다. 너덜너덜한 스프링의 감정단어 공책이 코딱지 묻힌 대범한 용기로 내게 말하고 있었다.

"진실은 남에게 어떻게 비치는가보다 실제가 어떠한지에 달렸다."

불현듯 순간순간 소중하게 여기던 민낯의 소소한 기쁨들이 고개를 들었다. 접어두었던 꿈이 꿈틀하고 명치끝을 울렸다. 아득바득 초조하게 살아가느라 놓쳐버린 줄 알았는데, 화려하게 치장하지 않아도 괜찮은 평화의 공감대가 7년 만에 다시 찾아와 반가운 손을 내밀었다. 미세한 떨림은 집착이라기보다 집념의 씨앗임이 명징하다. 현실의 초조함을 설명하느라 시간을 소모하는 나를 포기하고 내디딘 걸음이었다.

만수의 공책은 할 말이 많은 듯 상당히 부풀어 있었다. 엄마와 만수의 관계가 평화적으로 재설정된 구체적 변화로, 만수에 대한 또 엄마에 대한 상상력과 창조력이 개입되었음을 보여주고 있었다. 어쩌면 평화가 연대한 꽃이었다. 엄마가 만수를 압도하기 위해 다짜고짜 꾸짖던 옛 대화가 절대 아니다. 소통의 대화로 문제를 해결하고 있다는 징표다. 말과 글을 사용하는 문답이나 토론으로 결론을 얻어내면 그 결과가 안전하다. 힘으로 제압하는 것에 비하면 시간도 수고도 더 들지만, 평화 안에서 두 사람이 함께 성장한다.

"폭력은 안 돼"라고 외치는 부모가 정작 감정과 폭언으로 자녀를 꾸짖는 일은 흔하다. 만약 자신의 부모에게 받았던 심한 학대를 부모의 사랑이었다고 믿는다면 어떻게 될까? 자신도 똑같이 자녀를 학대해야 옳지 않은가! 은연중에 대물림되는 악순환의 고리를 끊는 방법은 많다. 실천하지 않을 뿐이다.

그림책은 우리의 내면을 비추는 거울이다. 만수와 열두 또래뿐 아니라 우리 모두가 어리광과 투정을 부리며 분노를 방출해도 괜찮다고 허용하는 심리치료 선생님이다. 특별함이나 기발함 없이 당연한 이 이야기를 시작으로 그림책 한 권을 손에 쥐는 독자가 있다면 그보다 더한 기쁨은 없을 것이다.

독자의 마음기지개가 저절로 켜지게 그림책 작가가 알아서 해 줄 것이다.

평화가 숨 쉬는 공감대 안에서 또 다른 만수와 만수 엄마가 함께 할 것을 믿는다. 결코 눈물로 자기표현을 하지 않을 것 같았던 만수 엄마한테 이 책이 닿기를 바란다.

당신의 내면아이를 만나보세요.

사람은 나이를 먹으면서 몸도 자라고 힘도 세진다. 지식도 상식도 다 자란다. 그런데 유독 감정은 더디 자라는 경우가 많다. 어린 아이처럼 잘 삐지고 토라지고 투정하는 어른들을 보면 확실히 그렇다. 그렇게 성장이 멈춘 감정 상태를 내면아이라고 한다.

떡국을 먹지 않아도 일 년에 한 살씩 느는 떡국 나이와 다르게 내면아이는 사랑을 먹고 자란다. 사랑이 충분하지 않으면 성장이 멈추는 이상한 나이다. 사랑의 나이테가 많을수록 어렵고 힘든 일을 평화로운 방식으로 해결해 나간다. 교육학의 입장에서는 인성나이라 할 것이요, 심리학의 입장에서는 내면나이라고 부른다.

어린 시절에 알게 모르게 겪은 억울하고 분하고 수치스러웠던 감정은 어른이 되었어도 아이 상태에 머물러 있게 한다. 때문에 자신의 진정한 변화를 원한다면 반드시 내면아이를 만나서 그 상처를 보듬고 도닥거리고 웃게 해 주어야 한다.

내면아이들은 내면아이들은 떡국나이의 많고 적음과 상관없이 감정에 지배를 받는데, 주어진 환경이나 상황을 감정적으로 해석한다. 성격유형에 따라 반응의 양상이 가지가지로 나타난다. 정도가 심한 경우 상대방이 예측하기 어려운 독특한 증상을 나타내기도 하는데, 정신의학에서는 크게 10가지로 구분 짓고 있다.

주의력결핍과 과잉행동의 증상도 상대방이 예측하기 어려운 양상중 하나다. 주변 환경이나 상황을 대하는 예민한 반응에 이성적 대응은 치명적이다. 유전적 요인으로 읽혀지고 있는바 무조건적인 공감으로 기다려주면 좋을 것이다.

◉ 망고스틴을 좋아하는 서희 – 연극성

감정이입의 결이 섬세하다. 자신을 과장하여 알아차리고 새로운 상황에 적응할 때 긍정적인 자세를 갖는다. 자신이 매우 배려와 대우받고 있다는 우월감을 표현할 줄 안다면 자기연민에 빠지지 않을 수 있다.

◉ 체리를 좋아하는 원우 – 반사회성

논리와 감정의 조직이 매우 우수하다. 자신의 감정에 몰입하기 위해 늘 다른 사람을 경계한다. 충동적이며 무책임하고 도발적인 행동을 용기 있게 인내하고 긍정적으로 사용한다면 한 분야에서 열정적 분위기를 주도할 수 있다.

◉ 리치를 좋아하는 준서 – 경계성

느낌과 기분을 표현하는 데 매우 투명하다. 자기 자신을 부정적으로 알아차릴 때조차 불안을 솔직하게 표현한다. 남들의 비난과 비판을 용기 있게 받아들인다면 순간적인 충동으로 일어나는 몸싸움이 커지지 않을 뿐 아니라 흔들림 없는 지도력을 발휘할 수 있다.

◉ 망고를 좋아하는 현기 – 자기애성

과도한 흥분과 고요한 침묵이 공존한다. 내적 안정이 유지되면 기지와 위트가 번뜩이고, 자기를 방어하는 모든 전략이 지적 호기심을 자극한다. 타인에게 인정을 받을수록 거짓과 사기로 사람을 해치는 권모술수의 유혹에서 벗어날 수 있다. 내면의 감정에 따르며 이타적인 행동으로 주위에 커다란 영향력을 미칠 수 있다.

◉ 키위를 좋아하는 기효 _ 의존성

자기효능감으로 꽉 차 있다. 상황을 예민하게 읽고 판단한다. 성취의 도전보다 실패를 회피하여 안전을 추구한다. 충분한 격려와 존중받는 느낌 속에서 자기를 주장할 줄 안다. 틀려도, 안 해도 괜찮다고 허용한다면 오히려 최고의 실력을 발휘할 수 있다.

◉ 멜론을 좋아하는 혜미 _ 강박성

단번에 훤히 내다보는 직감이 탁월하다. 완벽을 추구하려는 성향 탓에 늘 사소하고 세부적인 것에 발목을 잡히고 만다. 형식에 집착해서 큰 흐름을 잃지 않으려면 다른 사람들과의 넓은 공감대에서 융통성을 배우는 것이 좋다. 무한한 가능성을 좇아 도전할수록 누구도 예상치 못한 선물을 가져다 줄 것이다.

◉ 수박을 좋아하는 인오 _ 회피성

꾸중, 비난, 거절은 피하고 싶어 한다. 있는 그대로 자기표현이 가능할 때 마음을 위축시키는 부정적 비판을 물리칠 수 있다. 다른 사람의 거절과 배척을 자기반성으로 삼으면 호기심과 즐거움이 꽉 찬 분위기에서 영웅이 될 수 있다.

◉ 블루베리를 좋아하는 만수 _ 분열형

내면적 색채가 화려하다. 가장 평범한 일상에서 자유롭다. 자신의 요구가 받아들여지지 않으면 울거나 분노하는데, 괴짜처럼 보일 수 있다. 분열은 감정과 지각이 따로따로일 때 일어난다. 수용적이고 일관된 지지라면 화려한 감성과 단순한 지성을 통합하여 웅대한 예술의 혼을 불태우게 할 수 있다.

◉ 아보카도를 좋아하는 천호 – 분열성

아보카도의 과육처럼 싱거운 듯 고소한 느낌이다. 거의 혼자 논다. 주변을 의식하는 것이 자신에게 지나친 짐이다. 다른 사람과의 관계형성에 관심을 기울일 수 있다면 무미건조한 감정이 촉촉해 질 수 있다. 외톨박이보다 여럿이 함께 나누는 것도 자신에 대한 책임이라는 것을 안다면 타고난 천재성을 발휘할 수 있다.

◉ 블루베리를 좋아하는 지연 – 편집성

사람에 대한 호기심과 감수성이 매우 민감하다. 부끄러움을 입 다물지 않고 진솔하게 표현한다면 다른 사람의 냉대와 업신여김에 몰두하다 지친 피로에서 벗어날 수 있다. 다른 사람의 다그침을 위협으로 받아들이지 않고 의심의 눈초리를 거둔다면 자신에 대한 사람에 대한 무한 신뢰로 귀한 영향력을 발휘할 수 있다.

◉ 청포도를 좋아하는 은기 – 주의력 결핍

외부 환경이나 상황에 촉각이 곤두서 있다. 불안을 달고 살며 부족한 주의력이 이차적 피해를 일으킨다. 쉬운 과제를 제대로 수행 못해 큰 포부를 감춘다. 높은 목표와 초라한 현실의 차이를 설명하려는 변명을 거두고 있는 그대로 인정할 수 있다면, 우울한 침묵에서 깨어난 평화가 타고난 잠재력을 발휘하게 할 것이다. 비상한 두뇌가 구사하는 전략을 누구도 따라잡을 수 없을 것이다.

◉ 포도를 좋아하는 끈기 - 과잉행동

한 가지 일에 깊게 집중 못한다. 다리떨기, 의자책상 오르내리기, 여기저기 부딪힘이 끊이지 않고 질서를 깨뜨린다. 민첩하고 예리하나 계획을 까먹고 물건을 잃어버리고 자잘한 실수투성이이다. 과도한 행동이 이차적 피해와 낙인효과를 가져온다. 분명한 목적과 목표가 제시될 때, 커다란 야망과 포부에 맞는 현실이 뒷받침될 때, 무한신뢰를 받는다는 느낌 안에서 행동을 지연시키는 호르몬이 활성 한다.

- 제1부 -

마음을 비추는 그림책, 생각을 키우는 글쓰기

【저널이 뭐하는 거예요?】

아이들을 만나기 전에 스스로 물어본다.

'저널이 뭐하는 거예요?'

맛있는 것을 먹고 좋은 데 구경하고 웃고 떠드는 것이라고 답할 수 있으면 좋겠다. 반복하다 보면 재미가 쌓이고 친해질지 모르니까. 체리를 좋아하는 원우가 어느 날 '영어하는 거예요?'라고 물었다. 원우는 영어 학원을 두 개씩이나 다닌다고 했다. 그렇다. 영어로 저널(Journal)을 인터넷에서 검색하면, '정기적으로 간행되는 신문이나 잡지'라고 뜬다. 그게 다가 아니다, '글로 써진 것들의 집합'이라고도 뜬다. 신문, 학술지, 문예지 등이 예로 등장하고, 더 나아가 일기, 항해일지의 묶음이라는 해설도 있다.

아이들은 저널이 무엇인지 잘 묻지 않았다. 엄마들의 친절한 사전 설명이 있었던 건지, 아니면 눈치껏 글쓰기라고 판단하는 건지 모르지만, 신기하기만 했다. 꼬치꼬치 물어왔다면 나는 아주 길고 복잡하게 답해야 했을 것이다. 이쪽 방면에 경험이 있다 해도 깊은 연구가 없기에 다른 사람의 말을 옮겨다 이렇게 저렇게 맞춰가면서 말이다.

> 저널치료는 일기쓰기와 유사한 말이다. 일기쓰기가 현재의 사건이나 일을 의미 있게 구성하는 기록인데 반해 저널치료는 과거 언젠가 있었던 '그날'이 오늘에 영향 미치는 감정이나 기분을 생각하며 미래를 예견하는 서사라는 점에서 차이가 있다.

그럴싸하지만 무언가 어색하다. 길고 복잡하고 헷갈리기 십상이다. 실제로 아이들에게 말해 본 적은 한 번도 없었다. 아이들이 물으면 간단하게 답하려고 준비한 내 나름의 정의는 이렇다.

> 저널은 무엇과 무엇의 관계를 밝히는 글이다.

내가 알기로 이토록 추상적인 정의에 그대로 넘어가는 아이들은 없다. 아이들은 꼭 묻는데, 질문이 현실적이다. "어떻게요?"하고 물어서 "왜요?"라는 물음에 긴 설명을 피하게 해준다. 실제로 망고스틴을 좋아하는 서희가 언젠가 물은 적 있었다. "네가 맞출 수 있을 걸." 하고 내가 말했는데, 서희가 눈썹을 추켜 뜬 눈을 가늘게 바꾸며 이렇게 답했었다.

> 엄마와 나의 관계는 더하기다.

함께 있던 또래들의 엉덩이가 술렁거리면서 서로 다른 자기표현들이 줄줄 나왔다.

방석과 소파의 관계는 주인과 하녀다.

그림과 글의 관계는 친구다.

노랑과 빨강의 관계는 색깔이다.

나는 혼나고 엄마는 혼내는 관계다.

아빠와 나의 관계는 게임 라이벌이다.

【스스로 질문하고 답하기】

"잘했다. 멋지다. 훌륭하다. 기발한 생각을 해냈구나."하고 어떠한 칭찬이나 보상도 하지 않았다. 그럼에도 또래들의 반응은 꽤 유쾌했다. 예상외의 반응에 깜짝 놀랐다. 말로만 듣던 자발적 사고의 촉발이었던 걸까? 말의 내용보다 발표를 나누는 태도가 싱겁지는 않았다. 서로 번갈아가며 눈을 맞추며 자기 차례를 기다리는 데야, 비언어적인 의사소통을 할 만치 긴밀한 관계인가 의아했다. 과도하거나 과소한 반응은 아니었다. 다른 사람과 관심사를 나누는 사회적 접근이었다. 이러한 생각에 사로잡혀 나도 모르게 무리한 질문을 던지고 말았다.

"왜? 왜 그러한 관계라고 생각하는지 말해볼래?"

희끄무레한 눈빛으로 또래들의 표정들을 살펴보았다. 머리를 쥐어짜고 인상을 찌푸렸지만, 자신들이 한 말을 잊지 않고 숙고한다는 느낌이 다가왔다. 한순간도 안절부절 못하고 충동적인 행동을 보이기 마련인데 '왜?'라는 질문에 몰입할 만한 무엇이 있다는 것인가? 뜻밖에도 또래들은 주저하지 않았다. 얼마 지나지 않아 입술을 꾹 다물고 있던 준서가 끔뻑끔뻑하던 눈을 번쩍이며 냉정하게 책상을 탁 치며 소리쳤다.

"아하!"

준서의 목소리는 너무나 가벼워서 떨림이 오래갔다. 외마디 감탄사는 깨침의 감정표현이다. 사전에 나와 있는 단어로 설명할 수 없을 때 지르는 탄성이다. 사람들은 간혹 이것을 '통찰'이라고 말하기도 한다. 달빛에 가려진 참 모습을 보았음같이.

'스스로 질문한 것에 답을 찾아내다니…!'

아이들이 스스로 묻고 답하며 자유로움을 갖게 하고 싶었다. 치료자로서 가진 욕심이다. 이것이야말로 경험적이고 논리적 사유이며 객관적이고 과학적인 사고방식이다. 아이들이 진실에 다가가는 탐구의 자세를 내 눈앞에서 펼쳐보였다. 저널은 스스로 질문하고 답을 찾아내는 자기탐구의 과정이라는 것에 의심의 여지가 없게 되었다. 진리를 탐구하는 천부적 재능을 가졌다고 의기양양하게 뽐내며 씩씩대는 아이들의 거친 숨소리가 리드미컬하게 다가온다.

	A	B	C
Relation	방석과	소파의 관계는	주인과 하녀다.
Result	왜냐하면, "방석이 있어야 소파가 편하니까."		
Essay			

	A	B	C
Relation	그림과	글의 관계는	친구다.
Result	왜냐하면, "더 재밌으니까."		
Essay			

	A	B	C
Relation	노랑과	빨강의 관계는	색깔이다.
Result	왜냐하면, 이름이 없어지니까."		
Essay			

	A	B	C
Relation	나는 혼나고	엄마는 혼내는	관계다.
Result	왜냐하면, "혼이 정신이잖아요. 정신이 있느냐 없느냐 다투는 거요."		
Essay			

	A	B	C
Relation	아빠와	나의 관계는	게임라이벌이다.
Result	왜냐하면, "지는 사람과 이기는 사람이 있으니까."		
Essay			

	A	B	C
Relation	엄마와	나의 관계는	더하기다
Result	왜냐하면, "따뜻하다."		
Essay			

【저널치료는 왜 해요?】

저널치료는 일기쓰기와 유사하다. 일기쓰기가 현재의 사건이나 일을 의미있게 구성하는 기록인 데 반해 저널치료는 과거 언젠가 있었던 '그날'의 기록이다. 그때 그 일이 '지금, 여기'에 영향 미치는 감정이나 기분을 바탕으로 미래를 예견한다는 점에서 차이가 있다.

저널치료는 자신의 생각을 표현하는 데 초점을 두어 인지발달과 지식습득에 영향을 끼칠 뿐만 아니라 자신의 느낌이나 감정을 있는 그대로 표현하여 정서발달과 자기성장에 긍정적 영향을 끼치려는 데 목적이 있다.

자신이 무슨 생각을 하는지 어떻게 알 수 있을까? 처음 머릿속의 생각은 무엇으로 표현하기 모호하다. 색깔도 형체도 없어 애매하다. 희미한 생각에 분명한 윤곽을 주어 밖으로 끄집어내는 것이 말과 글이다. 말과 글은 생각과 감정을 다스리는 자기 자신의 결정이다. 그리고 글쓰기는 말하기보다 훨씬 강력한 자기표현 수단이다. 더 능동적이고 자발적이다.

글쓰기는 자신의 생각과 감정을 점검하고 바로잡는다. 틀어진 몸의 자세를 바로잡듯 생각을 바로잡아 주는 효과가 크다. 어긋난 생각을 바로잡기에 글쓰기만 한 선생님도 없겠다. 때로는 더 이상 진지할 수 없을 만치 진지한데, 그 진지함이 글쓰기의 부담이며 통쾌함이다. 자신이 써놓은 글조차 낯 뜨거워 본 적 있는가? 종이를 북북 찢어서 휴지통에 집어던져 버리고 후련함을 느껴본 적이 있다면 쉽게 공감할 수 있을 것이다.

글쓰기에 글 읽기를 곁들인다면 마음의 부담이 적어질 수 있다. 새로 유입한 정보가 자신의 경험을 더 깊이 들여다 볼 수 있게 한다. 다른 사람들과 함께 이야기를 나누는 것 역시 더없는 즐거움을 보탠다. 글쓰기가 놀이처럼 쉽게 다가오고 읽기에 대한 흥미마저 몇 갑절 뛰게 하는 역동이 있다. 글쓰기가 글 읽기를 촉진하기도 한다. 분명히 읽기가 쓰기를 위한 선행이지만, 쓰기 역시 읽기를 위한 선행이다.

글쓰기를 마친 또래들의 마침표에서 그러한 역동을 확인할 수 있다. 마침표를 찍은 후 또래들이 재까닥 책을 집어 드는데, 멍한 초점으로 허공을 응시한 적이 언제냐 싶게 진지하다. 조각난 퍼즐 그림의 아귀를 딱딱 맞춰 완성한 평온함이다. 글쓰기는 틀림없이 성취감 높은 행위다. 빙그레 웃음을 짓게 하는 자기 만족감이 은연중에 직면한 갈등의 소용돌이에서 감춰버린 자신의 본래 모습을 드러내게 한다.

얼룩을 지운 거울에 비친 얼굴을 다시 보듯 반가운 일이다. 감정의 얼룩으로 모호하던 현상이 있는 그대로 제 모습을 드러낸다. 자기표현이란 얼룩진 감정에서 벗어나는 것을 말한다. 슬프면 슬픈 대로 기쁘면 기쁜 대로 억누르지 않는 드러냄의 용기를 말한다. 자신의 느낌이나 감정을 있는 그대로 표현한다는 것은 자신의 정서와 성장에 긍정적 영향을 끼치면서, 다른 사람과의 진정한 소통을 이루는 것이다. 하고 싶은 말을 억누르고 참으면서 다른 사람의 이야기에 귀를 기울이는 건 어렵다. 비집고 올라오는 생각에 사로잡혀 진정한 소통은 무늬뿐 건성건성 대강 듣고 만다.

글쓰기는 있는 그대로 자신의 감정을 표현하는 연출이며, 독백과 다름없는 대화이며, 소통으로 피어난 꽃이다. 길이가 짧던 길던 하고 싶은 이야기를 충분히 해 보라! 그제야 다른 사람의 이야기에 적극적으로 귀 기울일 수 있다. 그러한 이유로 저널치료는 자기와의 대화요, 진정한 소통의 기술이다.

【통해야 소통이다.】

어떻게 하면 진정한 소통을 나눌 수 있을까? 관심의 초점을 텔레비전과 스마트폰에 두고 대화하는 가족의 모습은 흔하다. 자신의 이야기인지 화면 속의 이야기인지 분간이 어렵다. 그래도 대화는 이어나간다. 그림책 《비밀이야》[1] 두 남매도 우리와 다를 바 없다. 각자 자신들의 재미에 빠져서 나누던 건성의 대화가 급선회한 것은 동생이 누나한테 한 대 얻어맞고 울음이 빵 터지면서부터다.

1) 박현주 글, 이야기꽃, 2016년 12월

그리고 작가는 남매의 상상을 통해 우리를 자연사박물관으로 이동시킨다.

그림책을 소리 내어 읽어주고 책을 덮으면 느낌이나 감정이 줄거리보다 앞선다. 느끼는 반응도 연령에 따라 입장에 따라 다르다. 저학년 독자들은 슬프다하고 고학년 독자들은 재미있다고 한다. 동생 입장의 독자들은 동생이 모를 수 있는데 누나가 때렸다고 억울해하고, 반면 형과 누나 입장의 독자들은 동생을 놀려주고 싶은 속마음을 들켰다는 듯, 공룡을 키우자고 동생을 달래는 누나가 대견하단다. 차이가 크게 드러나는 느낌이나 감정과 달리 줄거리나 주제의식은 크게 다르지 않다.

"아, 그래서 제목이 '비밀이야' 구나!"

아이들이 붙잡은 알아차림의 의미가 궁금증을 일으킨다. 소통의 비밀을 알았다는 것인지, 속마음을 들켜버린 남매의 비밀을 지켜주고 싶다는 동감인지.

생각해 보면 그림책의 주제가 싱겁다. 싱거움은 완전한 이해요, 생각을 끄집어 낼 수 있는 실마리다. 질문은 깊은 맛을 우려내는 소금과 같은 조미료다. 질문하지 않으면 싱거움 그대로이지만, 질문을 던짐과 동시에 온갖 다양한 맛을 느낄 수 있다.

【가장 인상적인 딱 한 장면은 뭐였어?】

아이들의 눈빛이 단번에 그림책 속으로 이동했다. 갔던 길을 더듬더듬 다시 걸으며 이야기의 전체를 관통하기로 작정한 듯하다. 한바탕 떠들썩하게 이야기를 나눈다. 어떤 아이들이 생각은 났으나 말로 엮어지지 않는다며 '나중'으로 미룬 탓에, 한 바퀴를 더 돌아 다시 차례를 이어 발표를 끝마칠 수 있었다. 손을 들고 '저요, 저요' 소리치며 숨넘어가게 치열하던 모습은 온데간데없이 사라졌다. 의미 없는 용기가 낭비라는 것을 알아차린 모양이다.

발표를 마치고 나서 녀석들이 끼적거린 글쓰기가 가관이다. 발표한 말을 간추려서 지은 짧은 글이었지만 싱겁던 주제가 깊은 맛으로 우러났다. 진정한 대화가 무엇인지 아이들은 이미 알아차렸다. 느끼는 대로 감정을 드러낼 수 있어서 홀가분한 것이 비단 아이들뿐이겠는가.

> 치타 키우자고 할 때, 기뻤다.
> 누나가 공룡 코끼리 키우는 걸 비밀로 하자고 했다.
> 혼자 있을 때 슬프고 누나가 함께 있을 때 기쁘다. 〈10세 남〉

> 아이가 입을 크게 벌리고 우는 장면이, 슬프다.
> 나도 형한테 맞아서 아파서 울었다.
> 내가 형보다 더 힘이 셌으면 좋겠다. 〈8세 남〉

때 묻지 않은 글이다. 마음이 천진난만하다. 자신의 생각과 감정이 그대로 드러나 있다. 일부러 꾸민 것이 아니요, 빌려다 쓴 것도 아니다. 자신의 생각과 감정이 단순할 따름이다. 그럼에도 쓴 글 속에 수없이 많은 정보가 주렁주렁 달려있다. 그래서 깊은 맛이 느껴진다. 읽는 사람의 마음을 자극하는 힘이 때 묻지 않은 순수함이라는 것을 알 수 있다.

일반적인 독서활동의 반응과 상당한 차이가 있는 글이다. 사실위주의 정보확인이라면 줄거리를 꼼꼼하게 적느라고 자신의 생각과 감정을 다 드러내지 못했을 것이다. 독서와 글쓰기는 지식을 확장하는 활동이나 그에 앞서 자신의 문제해결이다. 틀에 짜인 정답에서 벗어나 더 많이 엎어지고 자빠지는 기회를 얻어야 한다. 더 많이 상상하고 미끄러져봐야 비판적 사고와 문제해결력을 기를 수 있다. 또래들이 펼치는 상상의 세계는 나이가 많아질수록 과감성을 잃는다. 12~13세의 나이는 8~9세의 나이에 비해 보다 현실적이기만 하다. 이러한 차이를 성장이라고 말할 수 있을지 안타깝다.

양떼가 가득한 장면이 포근함이다.
인형 안을 때 푹신하다.
나와 할머니에게는 비밀이 있다.
그 비밀은 양과 늑대를 할머니와 내가 키운다는 것이다.
그 비밀을 거북이가 알아버렸다. 〈12세 여〉

치타가 뛰어가는 장면이 안도감이다.
그냥 떼를 썼다.
학교를 지각해서 들킬 것 같아서.
비밀이다. 그래서 치타를 타고 도망쳤다.〈13세 남〉

누나가 강아지에게 비밀을 털어놓았다. 그 비밀은 엄마 몰래 거북이를 샀다는 것이었다. 비밀을 들은 강아지는 혹시나 누나가 거북이를 더 좋아할까 봐, 친구 양을 집에 데려왔다. 집에 들어온 엄마는 동물들이 너무 많아 까무러칠 뻔했다. 그래서(?) 그건 비밀! 〈13세 여〉

글에는 현실을 반영한 자기반성과 자기전략도 구사되어 있다. 상상을 자극하고 얻어낸 생각이었던 만큼 진짜 있었던 일인지 꾸며낸 일인지 구별이 애매하다. 그림책의 재미에 기대어 자신의 이야기를 상상의 돛단배에 실어 바다 멀리 떠나보내는 것이다.

마지막 아이가 글쓰기를 마치고 두 팔을 책상 위로 쭉 뻗치며 어색해 한다. 너무 많은 생각이 떠올라서라고 작게 말했다. 끝까지 기다려주는 다른 아이들의 진지한 모습을 알아차린 모양이다. 맨 처음 그림책을 읽어줄 때만 해도 소파에서 방방 뛰는 아이들을 쳐다보며 어이없어하던 눈치였었다. 자신의 이야기를 발표할 때만 해도 다른 아이들의 움직임을 멈추는 진지함이 있었다. 하지만 아이가 지어낸 글 속에는 자신도 실컷 놀고 싶은 마음이 물씬 묻어난다.

거북이를 키우자고 할 때 마음이 기뻤다.

친구랑 놀을 때처럼 좋다.

나는 오늘 거북이를 만나서 거북이를 타고 동생은 공룡을 만나서 공룡이랑 놀고 또 코끼리랑 샤워도하고 치타랑 달리기도 했다. 그건 엄마한테 비밀이다. 그리고 할머니의 집에도 갔었다. 〈11세 여〉

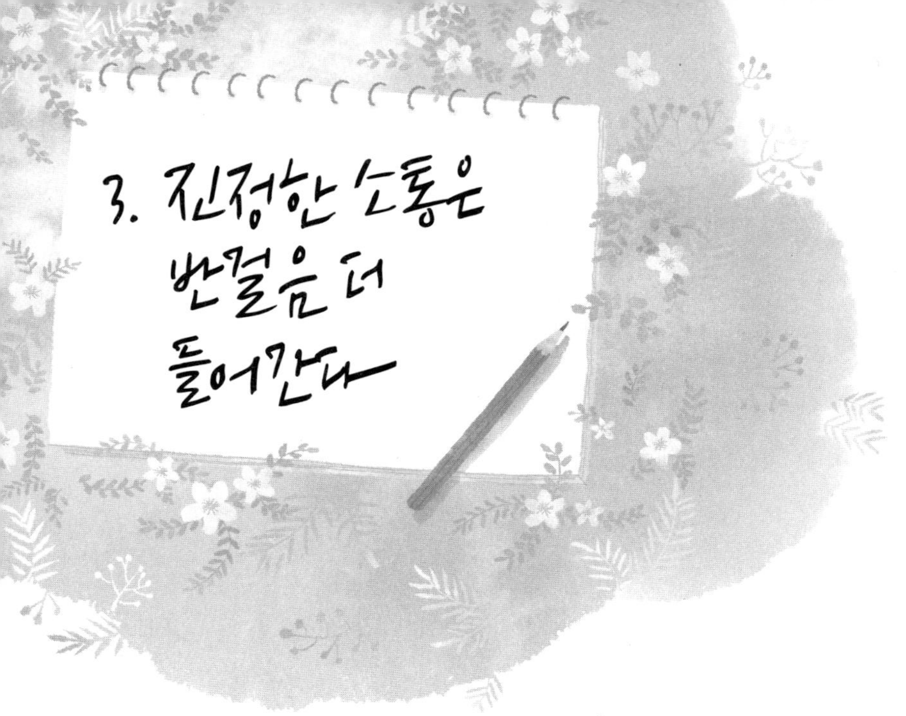

【봐도 돼요?】

시작이 반이다. 프로그램의 오리엔테이션은 새로운 질서를 잡아가는 작업이다. 또래들의 반응 하나하나에 집중하는 신중함이다. 하고 싶은 것과 해야만 하는 것들로 씨줄과 날줄을 엮어 질서의 옷을 입혀주고 나면 활동이 끝을 맺는다.

실내의 왁자지껄함과 달리 바깥에서 지켜보는 또래 엄마들의 웅성거림은 비교적 조용하다. 자신의 자녀가 활동에 적극적인지, 싫어하지는 않는지, 문제를 일으키지는 않는지, 떨리는 마음을 감추고 있다. 아이들을 내보낼 출입구를 흘긋 보니, 엄마들이 그렇게 말하는 것 같았다.

아이들의 반응에 몰입하다 잃었던 현실감이 찾아왔다. 소낙비 아래 서 있었던 듯 창문을 뚫고 쏟아지는 햇빛에 눈이 부시다. 쏜살같이 밖으로 나가려는 아이들과 기다리다 안으로 들어오려는 몇 명 엄마가 뒤엉켜 있었다. 누군가 옆구리를 간질여서 깜짝 놀랐다. 한 엄마가 책상 위에 아이가 두고 나간 저널 북을 가리켰다. 혜미 엄마가 물었다.

"봐도 되요?"

두 줄로 접힌 이마 주름이 설렘으로 벅차 보인다. 침 삼키는 '꿀꺽' 소리에 목젖이 열리고 혜미 엄마의 호기심은 벌써 혜미의 마음속으로 진입했다. 엄마가 읽고 싶은 것이 몇 글자로 엮인 글뿐일까? 혜미의 마음속을 탐구하고 싶은 것일까? 뒤로 묶은 긴 머리가 노란 블라우스를 지나 저널 북에 써진 글에 닿을 둥 말 둥하다.

글자들을 신기한 듯 바라보기만 할 뿐 읽는 것 같지가 않다. 흘깃 보니 글자들이 하얀 눈 위를 걸어가는 아기오리 발자국처럼 뒤뚱뒤뚱하다. 엷어지는 웃음기가 뜻 모를 표정으로 바뀌는 것을 들키지 않으려고 경계하며 저널 북을 덮고 혜미가 기다리고 있는 문밖으로 종종걸음으로 사라졌다. 혜미의 마음을 훤하게 알만한 단서가 빈약해서일까? 아니면, 혜미가 표현한 것이 엄마의 가장 중요한 관심사와 엇나가 있어서일까?

꼬마 책 굿을 다시 못 만나서 안타까웠다.
내가 좋아하는 책은 머루공주다.
너무 많이 봐서다.
사과 같이 아삭한 맛이다. 〈9세〉

글은 사람이 쓴다. 연필로 쓰거나 컴퓨터의 자판기로 두들기며 쓴다. 한 줄 글로 머릿속 생각을 표현한다. 한 줄 글을 쓰기 위해 얼마나 많은 생각을 했을지 써본 사람이면 누구나 고개를 끄덕일 것이다. 생각한 대로 글이 완성되면 흡족할 테지만, 그렇지 않으면 고쳐 쓰기를 거듭한다. 글은 길이가 길던 짧던 자신의 대표 생각이다. 그래서 한 줄 글만으로 많은 생각을 떠올릴 수 있다. 자신이 쓴 글을 읽는 것은 자신의 생각을 확인하는 일이다.

또래들의 글은 매우 짧다. 참 간단하다. 간단한 글인데 입가에 개운한 미소가 맺히게 한다. 때 묻지 않은 마음속 세상이 고스란히 배어 나와 자극하는 것 같다. 엄마들의 호기심도 유쾌하다. 자꾸만 자녀의 글을 기웃거린다.

【존중받은 느낌이다.】

또래들의 글은 생각의 미완성이다. 누군가의 질문으로 생각을 온전하게 완성할 수 있다. 질문은 마음의 문을 여는 열쇠와 같다. 그러면 마음의 문을 어떻게 열고 닫을 수 있을까? 마음의 문을 열게 하는 열쇠는 정서와 관련한 느낌이나 기분이다. '맛있다, 재밌다, 신났다' 등과 같은 말인데, 대개 일상에서 수없이 반복해서 사용하는 말이다. '안타까웠다'고 말한 또래의 마음을 헤아리기가 어찌 어렵겠는가? 평소 습관을 되짚어 생각해 보면 안타까움의 단서가 대번에 드러나고 말테니, 더해서 얼마나 안타까웠는지 물어봐도 좋다. 안타까웠다는 마음 안으로 생각의 파편들이 하나씩 모여들어 하나의 온전한 생각을 완성하는 것이다. 또래와 공감대를 이루는 일이 의외로 쉽다는 것을 알 수 있다.

그러나 정작 엄마의 관심에 따라 자녀의 글이 흡족하거나 미흡하게 나뉜다. 지식의 습득과 확장에 관심을 기울이면 지적인 정보가 명확하지 않은 글에 후한 점수를 주기 어렵다. 대수롭지 않게 여기며 체면치레로 추어주는 말로 엄마가 자신의 감정을 위장하면 아이들은 모범답안을 찾으려고 서성거리며 글쓰기에 흥미를 잃어버릴지도 모른다.

사실관계를 밝히자면 상당한 깊이로 사고해야 한다. 평소 자주 사용하는 관념어들을 찾아내고, 앞뒤 순서를 짜 맞춰야 한다. 깊게 사고하지 않으면 가능한 일이 아니다. 자신의 생각을 표현하는 글쓰기라도 마찬가지로 쉽지 않다. 글쓰기가 최고의 사고력학습이라는 반증이기도 하다.

지적 정보의 사실관계를 밝히는 글과 달리 마음의 표현에 관심을 기울이면 별 의미 없어 보이는 글에 마음이 뭉클하기도 한다. 진짜 말하고 싶은 것을 여백에서 찾아내기라도 하듯 종이를 이리저리 살피면서, 반걸음 더 들어가 보려는 관심과 노력이 진정한 소통이다.

글쓰기의 시작은 자신이 보고 듣고 느낀 바를 평소 사용하는 말로 끼적이는 것이다. 기분이나 느낌의 말로 마음의 문을 열고 지식이나 관념의 말로 생각의 깊이를 파 들어간다. 정형화된 글을 요구하지 않으면 또래들의 모든 글은 질문을 이끌어낼 수 있는 한 편의 수필이고 서사다.

게임 금지 때 마법천자문을 본다. 슬프다. 웃다가 풀렸다.

놀이공원에서 무서운 게 있었는데 아빠랑 같이 타버렸다. 슬펐었다.

햄스터가 햄스터의 집을 탈출할 것 같았을 때, 걱정스러웠다.

또래들의 글은 왕성한 행동과 달리 담담하고 밋밋하다. 보기에 따라서 쓰다가 그만둔 글들이다. 그래서 질문을 던지기 딱 좋은 준비태세를 갖추었다고 볼 수 있다. 마음의 표현에 관심을 기울인 글은 지식정보를 전달하는 글과 달리 진정한 소통으로 반걸음 더 들어갈 수 있는 핵심적인 단서다.

- 세상을 어떤 색깔과 모양으로 바라보고 있는지.
- 느끼는 느낌과 감정에 어떤 단어를 고르는지.
- 생각의 문을 여닫기가 쉬운지.
- 인상에 남은 이유가 있는지.
- 다른 사람과 자신의 생각을 구별할 수 있는지.

글은 자신의 생각을 뚜렷하게 선포한 것이며 행동으로 실천해 보이겠다는 의지다. 뜻 없이 슬펐다거나 부끄러웠다는 말로 끼적인 글이 결코 소심하거나 부끄러워할 만한 일이 아니다. 느낌이나 기분을 꾸밀 수는 없으니까. 애당초 있는 그대로 쓸 수밖에 없다. 오히려 가장 솔직한 글이다. 꼬깃꼬깃하게 구겨져 보이는 글이 더 이상 유치하거나 부끄럽지 않다는 것을 알 수 있다.

결코 헛짓이 아니라 자신의 생각을 존중하는 마음자세다. 또래들의 단순한 글은 이러한 자존감을 보여준다. 다른 배움과 마찬가지로 글쓰기도 처음에는 서툴기 마련이다. 하지만 서툰 글쓰기를 미루면 손해요, 현실적인 상황을 설명하는 것은 낭비다. 자신이 겪은 경험을 끄집어내서 되새김질하는 것은 최상의 사고력 학습이다. 창의적 문제해결 능력이 이러한 과정을 통해 저절로 발휘될 것이다. 글쓰기야말로 '스스로 배우는 방법'을 배우는 방법이다. 지식의 습득과 확장은 자발성과 능동성에 최적화되어 있다

【어떤 책이 좋을까?】

그림책 저널치료에서 가장 중요한 매개는 바로 그림책이다. 독자의 마음을 비추는 거울이기 때문이다. 독자 자신의 마음을 이해하려는 이유다. 거울을 쳐다보며 얼굴의 눈·코·귀·입의 생김새를 살피는 것처럼, 그림책을 대하며 마음의 색깔과 모양을 살피려는 것이다. 그림책을 만나는 순간 마음속에 어떤 반응이 일어나고 있는지, 어떤 경험이 떠오르는지, 연상되는 생각이 있는지, 그래서 새로운 관점으로 바라볼 수 있는 여지가 생겼는지, 자기 자신의 감정을 한 번 더 되짚어보려는 입장이다.

그림책은 독자의 마음 상태에 따라 얼마든지 달리 보일 수 있다. 생각지도 못한 것에 강한 반응을 보이는가 하면 이해하는 방식도 예상과 다르다. 다르게 느끼고 다르게 생각하기로는 매력 만점이다. 독자의 반응에 주목하는 입장에서 그림책은 책 자체가 가진 의미보다 훨씬 우수한 매력을 뽐낸다.

관심이 독자의 반응을 비추는 거울과 같다보니, 그림책 고르기는 생각보다 까다롭다. 머리가 똑똑해지기를 바라는 접근과는 다소 다르기 때문이다. 지식의 확장을 위한 선택이 아닌 만큼 책 고르기가 만만치 않다. 마음에 쏙 드는 제목을 누군가 골라주었으면 좋겠다는 생각이 든다. 추천도서 목록이 많이 있어서 다행이긴 하나 딱 한 권을 고를 때는 여전히 난감하다. 책장에 꽂힌 책의 등딱지는 그야말로 천차만별하다. 책의 제목만큼이나 책의 높이와 두께도 제각각이다. 용기를 내어 한 권 뽑아 펼쳐보면 색채가 글자를 압도한다. 색의 명도와 채도가 어우러진 분위기가 정신을 앗아간다. 이미지에 집중하다가 책 끄트머리에 다다를 때가 있다. 읽으려는 의도 없이 무심히 스쳐온 기분으로 차창에 스친 장면만 본 것 같아 되씹어 봐야 할 것 같이.

'역시 싱겁다.'

다시 정색을 하고 읽어야 하는지, 작가의 얼굴을 떠올려보기도 하고, 무언가 다른 의미가 있을 것 같아 자신의 마음을 뒤지기도 한다. 그림책이 가진 힘이 그렇다. 진중하게 고민할 이유가 크지 않다는 생각이다. 잘 골라야 한다는 압박감보다 잘 고를 수 있는 안목을 어떻게 기를까에 관심을 기울이는 것이 좋다. 안목을 기를 때까지 자신이 고른 책이 최고라는 생각을 해 보라. 차선이긴 하지만 틀림없이 마음에 들 것이다. 그러한 마음가짐이 좋은 책을 골라야 한다는 부담감에서 자유로울 수 있다.

【내가 뽑은 세 권의 책】

또래들이 책장 앞으로 쪼르르 내달려 간다. 마음에 드는 책을 세 권씩 뽑아보기로 한 것이다. 최대의 관심사가 만화책이듯, 만화책도 포함되는지 아니면 제외되는지 궁금해 했다. 자유분방한 분위기 속에 제각각 신중하고 열심이다. 손가락을 볼에 대고 책등을 꼬나보기, 빽빽한 책등의 사이사이를 힘주어 젖히기, 책등의 제목을 꼼꼼하게 읽어보기, 빼냈던 책을 후다닥 비집어 꽂고 딴 책을 집어 빼기, 뽑아온 책이 마음에 들지 않았는지 "딴 책 봐도 돼요?" 묻기도 하고… 책 고르기 자체가 아이들의 호기심을 자극하는 즐거운 놀이다.

재미있는 것은 자신이 고른 책들의 제목으로 이야기를 지어보면 자신의 독서취향을 발견할 수 있다는 사실이다. 생각 같아서는 말이 안 되고 엉터리일 것 같지만 의외로 신기하다. 자신의 독서취향은 바로 자신의 정체성이기도 하다. 대개 우리가 무심하게 책을 고르는 듯하지만, 정작 마음속에서 일렁거리는 욕구의 반영이다.

책 고르기부터가 그림책 저널치료의 시작이다. 책을 고르는 안목 키우기가 대단히 중요하다. 재미없는 책을 골랐으리라는 불안이 더 안목 높은 책 고르기의 자양분이다. 무엇을 선택하는 결단은 약간의 불안을 야기한다. 그것의 극복이 책임감이다.

다른 사람한테 권하고 싶은 책을 세 권 중에서 한 권씩만 추리기로 했다. 자기보다 나이가 많은 형한테는 쉬울 거라며, 자기와 다른 성의 친구들이 어떻게 생각할지 모르겠다며, 한동안 웅성거렸다. 평화로운 모습들이었다. 은기가 뽑은 책을 무릎에 펼쳐보였다.

《인기 짱 비법서》, (최은옥 글. 안은진 그림. 좋은 책 어린이)

《로봇이 왔다》, (한혜영 글. 이은지 그림. 함께자람)

《꼭 갖고 싶은 로봇 친구》, (유병천 글. 김효주 그림. 꿈터)

딱 한 권씩을 무릎에 올려놓고 뒤적거리는 마음을 남에 대한 배려의 행위로 읽었다. 마침내 은기가 한 권을 결정했는지 표정이 환하게 밝아졌다. 그러면서 어깨를 으쓱해 보이며 말했다.

"아하! 나는 〈로봇〉책에 관심이 있구나!"

또래들이 뽑은 책이 저명한 전문가들이 뽑은 책과 달라도 상관없다. 다음번에 또 뽑아내면서 안목 높은 독자가 될 수 있을 거라는 기대가 더 크다. 이제 종이와 연필만 준비하면 그림책 저널치료가 시작될 것이다.

체리를 좋아하는 원우가 한순간에 연필을 휘갈긴다. 연필을 멈추고 골똘하게 써놓은 글을 바라보고 있다가 글이 매끄럽지 않은지 고개를 갸웃거린다. 지우개를 집으며 혼잣말처럼 중얼거린다.

"이상해."

한참을 고민하고 있다. 빈 종이를 물끄러미 바라보며 한참을 있다. 지운 것을 후회하지 않기 위해선지 입술을 깨문다.

'이게 아닌데,'

용기를 되찾았는지 종이를 긁는 연필소리가 산뜻하다. 마음속에서 일어난 복잡한 고민이 일시에 풀린 것일까? 세상의 빛을 새로 만나듯 두 볼이 발

그래하다. 끝까지 완성하려는 의지가 시들어가는 불씨를 끈질기게 채근하는 이것이 끈기라고 생각한다. 많은 힘을 쏟아냈으므로 성취감이 그리 큰 것일까? 자기 자신과의 싸움에서 승리한 쾌재가 미소로 피어난다.

글쓰기를 여럿이 하는 활동으로 바꾸면 어떻게 될까? 장난치고 싶은 재미가 풍부한 화젯거리로 바뀐다. 둘이 셋이 이야기 나누기가 바로 글쓰기과정이다. 서로 묻고 답하는 사이에 자신이 무슨 생각을 하는지 알 수 있다. 문답과정이 생각을 조립하는 퍼즐놀이와 같다. 완성된 생각은 쉬이 사그라지지 않으므로 서두를 필요 없다.

햇빛 드는 창가에 앉아 달콤한 초콜릿을 한 입 넣고 박자에 맞춰 연필을 휘두르면 될 일이다. 지금껏 나눈 문답이 거짓이 아니라면 연필이 알아서 써나갈 것이다. 마음에 안 들면 나중에 고치고 또 쓰면 될 일이다.

<따로 다같이>는 어법에 맞지 않는 말이다. '따로 다 같이'라야 옳다. 자기탐구라도 문답의 대상을 구체화하기 위한 설정이다. '따로'와 '다 같이'라는 말은 서로 등을 보이다가 돌아서서 포옹하는 모습을 연상시킨다. 인터뷰와 인터뷰이가 만나는 효과를 얻으려는 마음이다.

<따뜻한 열두 질문>은 일반적인 의미를 벗어난 말이다. 정곡을 찌르는 예리한 질문과 전혀 다른 말이다. 답을 알아도 혼날 것 같아 마음의 문을 닫아버리는 말이 아니다. 두루뭉술한 질문은 무디고 선뜻 답이 없을 것 같은데 마음을 울린다. 마음의 문이 열리고 하고 싶은 말이 별처럼 쏟아진다. 질문은 마음의 문을 여닫는 열쇠와 같다. 편안한 마음으로 주저 없이 하고 싶은 말

을 펼쳐 내보이기를 마라는 마음이다.

<따로 다같이>와 <따뜻한 열두 질문>은 본 그림책 저널치료의 고유명사다. 그림책 저널치료에서 글쓰기 과정은 매우 독특하다. 생각조립은 다 같이 놀듯이 하고 글쓰기는 따로 각자 집중하는 것이다. 글쓰기를 안전한 소통의 도구요, 즐거운 놀이로 전환하는 데 잘 어울리는 말이다. '다'와 '같이'마저 붙여서 한데 묶었다. 어법에 어긋난 비문이지만 본 그림책 저널치료의 궁극적인 목적에 적합하다. 지금 당장 옆 사람의 옆구리를 살짝 건드리며 말 붙여보라.

- 보고 싶은 거 뭐에요? 같이 보러가요.
- 먹고 싶은 거 뭐에요? 같이 먹으러가요.
- 가고 싶은 데 어디에요? 같이 가요.

그림책 저널치료는 그림책 한 권을 뽑아 자신에게 또는 누군가에게 말붙이는 문답과정이다. 다음 열두 질문들을 소리 내어 읽어보라.

이 그림책 어때?

여기 있던 색깔은 다 어디로 사라졌지?

누구 이야기일까?

왜 멍할까?

인상적인 한 장면은?

핵심감정의 느낌말은?

그런 느낌 든 적 언제였지?

다시 보니 어때?

자기 이야기에 이름을 지어볼까?

말로 할래, 글로 쓸래?

글짓기의 씨줄날줄은?

네 글도 읽어줄래?

그렇게 이야기를 나눠보자. 가벼운 대화가 흥미진진해지고 자기 자신에 대해 알아차린 무엇이 생긴다. 충분하게 수다를 하고, 더 이상 할 이야기가 없거나 지치면 종이를 펴고 글을 쓰는 거다. 혼자서 낑낑대며 고민하던 수고가 한결 가벼워진다.

자신을 초기화하고 싶을 때가 가끔 찾아온다. 향 좋은 카페에서 좋은 사람과 그림책데이트가 제격이겠다. 글쓰기 데이트도 제격이다. 서로 다른 생각의 주체가 함께한다는 친밀감이 바로 공동체의식이다. 자신이 무료했던 이유와 어긋나 있던 자세를 알아차리고 기분전환하기에 나쁠 것 같지 않다. 실제 아이들의 글쓰기에 어른이 초대되었는데, 아이들도 어른들도 새로운 분위기에 동화하려는 반응을 보였다. 나이차에 대한 편견을 갖지 않아서인가 다 함께 하는 활동도 자연스러워했다.

거실 탁자에 과일접시를 두고 온 가족이 둘러앉아 도란도란 수다와 한 줄 메모남기기를 시도해 보자. 책장에서 그림책 한 권을 뽑아 같이하면 즐거움은 배가될 것이다. 글쓰기는 기술이 아니라 삶이어야 한다. 나아가 삶을 놀이로 바꿔보려는 시도치고 꽤 괜찮다.

- 제2부 -

글쓰기가 쉬워지는 12가지 질문

패브릭 책상보를 덮었더니 아늑한 분위기다. 금은박지로 네모지게 포장한 젤리를 접시에 내놓았다. 새콤달콤한 맛을 좋아하면서도 이가 상할까봐 꺼리는 아이가 있어서 마음이 쓰인다. 아이들의 수만큼 저널 북을 마련하고 수성색연필을 듬성듬성 놔두었다.

도서관 프로그램으로 시작한 '그림책 저널치료'는 멋지고 재밌고 즐겁다. 그런 느낌을 갖게 한다. 빤 하지 않으면서 멋져 보인다. 책과 함께 하는 프로그램이니까 안전할 것이라는 기대가 더해진다. 하지만 도서관은 어쩔 수 없이 내면의 진지함에 빠지기 쉬운 곳이다. 흥미를 이끌어내고 즐거움을 낳는 도구는 사람이 아니라 책이다. 오글거리는 과장된 분위기로 사람들의 관심을 자극하는 데 한계가 있다. 책이 중심이다.

몇 번의 활동이라도 가능성을 보여주려는 마음이다. 몇 번의 활동을 통해 '아, 괜찮구나!', '혼자서도 할 수 있겠구나!' 하는 확신을 얻었다면, 그 자체로 성공이다. 완벽을 추구하는 것이 아니라 스트레스를 낮춰주고 싶은 느슨한 마음이다. 체험을 통해 얻은 확신은 끝이 아니라 시작이다. 스스로를 갈고 닦을 수 있게 하는 원동력이다. 아이들이 참여하는 프로그램이라면 엄마한테도 나쁠 리 없다.

그림책 저널치료가 불러일으킨 관심은 대체로 책 읽기 습관을 바로잡는 데서부터 글쓰기 실력이 향상되기까지 다양하다. 아이들의 손을 붙잡고 그림책 저널치료를 찾는 엄마들의 기대는 이렇다.

1. 독서모임 활동으로 좋다.
2. 글 쓰는 것에 평소 흥미가 많아 좋은 기회다.
3. 그림책과 함께 하는 글쓰기니까 매력 있다.
4. 완성된 저널 책 가지는 것이 소원이다.
5. 나를 발견하는 일에 끌린다.
6. 좀 힘들어도 그림활동이 있어서 위로가 된다.
7. 책에 대한 흥미가 있길 기대한다.
8. 책의 내용을 더욱 깊이 이해할 수 있기 위해서다.
9. 책 읽는 습관이 안 되어 있고 흥미를 느끼지 못해서다.
10. 책을 조금이나마 가까이 했으면 좋겠다.
11. 끝까지 참여하는 경험을 늘이고 싶다.
12. 학교 밖의 배움 태도를 기르고 싶다.

【할머니 무릎에서】

책상 위의 소품을 다시 한 번 가지런하게 정돈하며 시계를 힐끗 쳐다본다. 누가 누구를 기다리며 맞이하는 느낌, 그것은 사랑이다. 무슨 이야기를 해줄까? 날씨 얘기도 좋고 우스운 얘기도 좋고 신기한 얘기도 좋겠다. 손자녀를 기다리는 할머니들의 마음도 이와 같았을까? 아이들을 무릎에 앉히고 싶은 마음으로 팔을 벌리고 '옛날 옛날에'로 이야기를 시작한다.

동화는 문학의 한 장르이며 주로 어른이 아이에게 들려주기 위해 만든 이야기다. 그래서 동화는 어른과 아이를 사랑으로 묶어주는 끈과 같다. 아동문학이면서 조상의 기원이 자손에게 고스란히 전수되는 DNA다. 훌륭한 어른으로 성장하기를 바라는 조상들의 가르침이 들어있다. 동화의 즐거움 속에 그 가르침이 녹아들어 지혜를 깨닫게 한다. 동화를 들려주는 마음은 즐거움과 지혜를 느끼고 알아차리기를 바라는 마음이다. 지혜는 말로 가르칠 수 없고 교과서로도 배울 수 없다. 경험을 통해서 저절로 몸에 배이고 민감하게 알아차리는 것이다.

재미있는 이야기는 남녀노소 누구나 좋아한다. 입에서 입으로 전해지며 내용이 더해지기도 하고 바뀌기도 한다. 종종 이야기하는 사람의 상상이 더해져 전혀 새로운 이야기가 만들어지기도 한다. 그래서 수많은 창작들이 생겨난다. 세상에 나와 있는 방대한 창작동화들이 그것을 말해 준다. 이야기는 책으로 만들어지기 전까지 입으로 말하고 귀로 듣는 방식으로 전해 왔다. 구비문학 또는 전승문학이라 하는데, 대표적으로 신화, 전설, 우화, 그리고 민담 등이 여기에 속한다.

재미있는 이야기는 사람들의 귀를 기울이게 한다. 이러한 심리는 사람들과의 관계에서 흔하게 일어난다. 사실을 직접적으로 이야기하기보다 재미있게 돌려서 말하면 어려운 부탁이나 설득에서 유리할 때가 많다. 이는 듣는 입장에서 생각의 여지를 갖게 하는 효과를 준다. 직설적으로 하는 말이 판단을 즉각적이게 한다면, 은유적으로 돌려하는 말은 판단을 유보시키고 감정을 건드리게 한다. 감정으로 하여금 한 번 더 생각해 보게 한다.

스토리텔링은 돌려 말하기인데 분명한 목적을 담고 있다. 옛날부터 입에서 입으로 전해 내려오는 구전문학도 누군가가 창작한 자기이야기들이다. 신화는 통치자들의 스토리텔링이다. 같은 인간이지만 출생의 근본이 다르다는 것을 과장함으로써 신비감을 조성한다. 지배자와 피지배자와의 거리감을 무한대로 벌리는 효과가 있다. 태풍이 불고 우박이 떨어지고 홍수가 넘치는 것은 자연의 변화다. 바람이 불면 낙엽이 떨어지고 꽃이 지면 열매가 열리는 것과 같다. 그렇지만 커다란 재앙 앞에서 사람들은 무섭고 두려운 공포를 느낀다. 대개 평소 저지른 잘못에 대한 벌이라고 여긴다. 이때, 누군가 신이라거나 신의 자식이라며 나타난다. 본래 신이었으나 신으로서의 존재를 깨닫고 능력을 드러내기 전에 나쁜 사람한테 공격을 받을지 몰라서 허름하고 천박한 집안에서 자라다가 귀인(큰 스승)을 만나서 비밀이 밝혀졌다고 꾸민다.

공포에 떨던 사람들은 그가 시키는 대로 말을 잘 듣는다. 사람들은 이러한 이야기를 주고받으며 친밀해지고 단결한다. 신화는 국가를 통치하기 위한 목적으로 꾸민 이야기다. 이는 거의 모든 나라마다 건국신화가 있다는 데서 확인되며, 또한 실제했던 국가 역사의 출발이 신화라는 점이 사뭇 흥미롭다.

우화는 동물들의 이야기지만 피지배자들의 스토리텔링이다. 풍자와 해학으로 핍박받는 노예의 시름을 달래는 위로이며 희망이다. 널리 알려진 대로 고대 그리스에서 내려오는 이솝우화는 힘의 지배 논리로 얼룩진 인간사회를 역설적으로 풍자하고 있다. 여우와 학이 식탁에 함께 앉아 스프를 먹는데 접시가 납작하다. 이토록 단순한 사실을 화자가 우리에게 고발하는 이유는 간단하다. 누군가의 욕심과 자만이 다른 누군가에게는 핍박과 폭력이라는 것을 돌려 말하는 것이다. 억지로 머릿속에 주입하는 것이 아니라 느낄 수 있는 만큼 깨달으라는 애정 어린 조언이다.

민담과 전설은 착하게 살아가는 보통사람들의 스토리텔링이다. 일상에서 일어나는 크고 작은 갈등을 지혜롭게 풀어가자는 공동체의식의 표현이다. 서로 양보하고 화해하는 것이 기쁘고 행복하게 살아가는 것이라고 가르쳐주고 있다. 주요섭이 1920년대 엮은 《해님달님》은 우리나라의 민담이다. 어느 날 밤, 떡을 이고 산을 넘어가는 어머니를 호랑이가 잡아먹었다. 호랑이를 따돌린 오누이가 하늘로 올라가 해와 달이 되었다. 한번쯤 이런 말을 들어보았을 것이다.

"떡 하나 주면 안 잡아먹지."
"살리려면 튼튼한 동아줄을, 죽이려면 썩은 동아줄을 내려주세요."

이 간단한 문장들은 나약한 인간의 보편성을 적나라하게 적시하고 있다. 언제라도 불안과 공포에 노출될 수 있는 현실에서 인식의 폭을 넓혀 서로 힘을 모아 극복해 나가자는 희망의 메시지다.

원망과 원한이 맺히면 죽어서까지 갚으리라는 강력한 메시지를 담은 것이 전설이다. 정의를 괴롭히고 질서를 파괴하는 거짓은 반드시 밝혀지고 악인은 벌을 받는다니 얼마나 통쾌한가! 전설의 서사가 서려있는 바위나 우물과 같은 징표야 말로 마을공동체 문화의식의 투영이다. 양보와 배려로 좁은 범위의 지역공동체가 평화롭게 살아가기를 바라는 소망의 메시지다.

【다문화적 창작모티브】

사는 곳이 달라도 사람이 살아가는 방식은 크게 다르지 않다. 그래서인가 세계 곳곳의 이야기가 비슷하다. 이제 가까운 이웃의 이야기에 귀를 기울일 때가 되었다. 우리 사회가 다문화사회로 진입하였음을 실감한다. 더불어 사는 삶의 시작이 주로 언어와 생활방식의 차이로 인한 갈등해결이었다면, 안정적인 정착에 있어서 과제는 편견과 차별을 완화시키는 관점의 변화다. 자신이 지닌 문화적 배경을 존중 받으면서 조화를 이루어 살 수 있는 삶을 모색하는 데 이주민 뿐 아니라 자국민도 관심을 기울여야 한다.

문화감수성은 조상 대대로 내려오는 숨결이다. 이웃의 건국신화와 민담과 전설에 관심을 기울이는 것이야말로 다문화로의 참여일 것이다. 세계 곳곳의 이야기에 귀를 기울임으로써 더없이 즐거운 문화의 다양성을 체감할 수 있게 된다. 가까운 이웃의 이야기를 담은 한 편의 그림책은 바로 자신의 스토리를 다문화적으로 창작하는 모티브다. 그림책을 든 손에 힘에 들어간다. 말 붙일 준비가 다 되었다.

따뜻한 첫 번째 질문이다.

Q1. 이 그림책 어때?

창문을 열고 찬 공기로 폐부를 환기시킨다. 다문화시대를 힘차게 뛰어나가기 위해 또래들이 들어오고 있다.

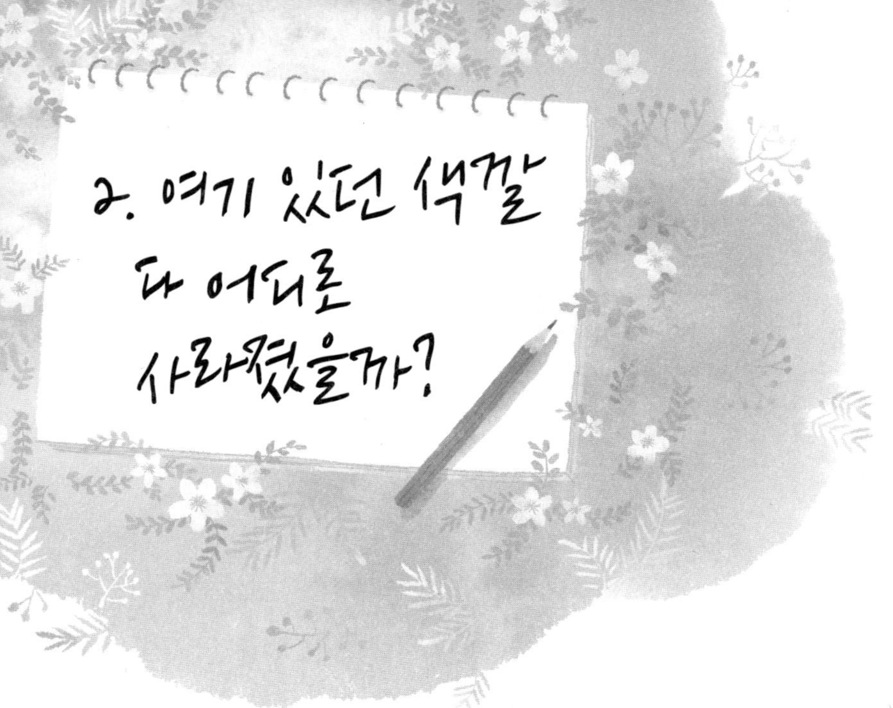

서른여섯 수성 색연필의 뚜껑이 활짝 젖혀있다. 곰살궂은 색깔들이 나란히 누워 누군가의 손이 닿기를 기대하고 있다. 집게손가락이 다가왔다. 진한 오렌지색이 잡히는가 싶더니, 바다색으로 손가락이 옮아간다. 풀색 옆 연두가 뽑혀 나갔다. 좋아하는 색을 고르는 느낌, 그것은 설렘이다. 아이들은 색칠하기를 무척 좋아한다. 그림책에 있는 멋진 그림의 형태를 본떠 놓았다가 아이들이 도착하면 내밀면서 묻는다.

따뜻한 두 번째 질문이다.

Q2. 여기 있던 색깔 다 어디로 사라졌을까?

두 번째 질문은 <따로 다같이> 활동에서 들쭉날쭉한 도착과 기다림의 시간을 즐거움으로 바꾼다. 우리가 지각하고 경험하는 세계에서 형태만 남기고 색깔을 빼면 어떤 일이 벌어질까? 다른 사람에 의해 길들여진 관념이 사라지지 않을까? 가볍게 선 두른 형태에다 색깔을 입히는 아이들의 모습이 진지하다. 오롯한 자신만의 사유가 차곡차곡 쌓여가고 있다.

【그림책, 시각언어로 상상】

동화는 대개 '옛날 옛날에'로 시작한다. 그 말이 가진 힘이 얼마나 대단한지, 눈 깜짝할 사이에 우리가 한 번도 가본 적 없는 공간에 이르게 한다. 단번에 현실의 경계를 무너뜨리는 동화작가의 재능은 탁월하다. 그 힘은 어디에서 오는 걸까? 혼탁한 사회를 아이들의 맑은 눈으로 바라볼 수 있다는 데 경이로움을 느낀다. 선입관이나 편견 없이 있는 그대로 바라보는 큰마음이다.

종이와 인쇄기술이 발달하면서 사람들은 흩어져 있는 이야기를 한데 모으고 엮어서 책으로 만들었다. 우리가 잘 알고 있는 《이솝우화집》(아이소포스, B.C. 6c) 같은 것이 대표적이다. 한국에는 고려의 《삼국유사》(일연, 12c), 조선의 《열하일기》(박지원, 18c) 등이 남아있다. 또한 프랑스의 라퐁텐(Jean de La Fontaine, 17c), 독일의 레싱(Gotthold Ephraim Lessing, 18c), 러시아의 클릴로프(Ivan Andreevich Krylov, 19c) 영국의 오웰(George Orwell, 20c) 등이 쓴 작품집들도 있다. 그밖에 유대인의 《탈무드》, 산스크리트의 《신화집》, 인도의 불교도들이 교화의 방편으로 사용한 우화집도 있다. 중국의 고대 공자, 장자, 노자, 맹자의 책에 등장하는 이야기들이 입에서 입으로 전해오다 문자로 찍힌 책으로 우리의 손에서 읽히고 있다.

인쇄기술의 발달로 종이책이 대량으로 만들어지면서 이야기를 접하는 방식이 크게 바뀌었다. 귀로 듣는 방식에서 활자를 눈으로 읽는 방식으로 변화했다. 그림이 문자 이해를 돕기 위해 부분적으로 삽입되기 시작했다. 그림은 어디까지나 보조수단이었지만 글 읽기가 한결 수월해 졌다. 대개 그림동화라고 알려진 책이다.

근래 쏟아지는 동화는 그림책이 대세다. 그런데 우리가 알고 있던 '그림동화'와는 다른 개념이다. 그림책에서 '그림'은 '문자'로 된 이야기의 반복이 아니라 나름의 독자적인 이야기가 존재하는 회화이다. 다시 말해 문자 이야기의 보조수단이 아니라 그림이 독자적으로 서로 대화하는 형식이다. 그래서 심지어 '문자' 없이 '그림'만으로 엮은 이야기도 있다. 그러한 그림책은 시간과 공간의 배경만 제공하고 정작 이야기는 독자의 심상에 따라 완성하도록 유도한다.

이를 두고 현은자 교수(성균관대학교)는 그의 책 <그림책의 그림읽기>에서 글과 그림은 독자와 함께 삼위일체로 읽는 입체적 예술이라고 정의했다. 또한 같은 책에서 미국의 그림책 전문가인 유리 슐레비츠(Uri Schulevitz)의 정의를 다음과 같이 소개했다.

> 그림책에서 글은 그림을 반복하지 않으며, 그림도 글을 반복하지 않는다.
> 글과 그림은 대위관계로 서로 보완하고 완성한다.[2)]

아예 글 없이 그림만으로 완성된 그림책을 어떻게 읽을까? 글이 아예 없

2) 《그림책의 그림읽기》, 현은자, 마루벌. 2008.

거나 있어도 극히 짧은 외마디의 그림책은 읽기에 애매모호하여 당황스러울 때가 있다. 따라서 그림책은 이전의 그림동화책을 읽을 때와는 다른 읽기방식을 요구한다. 그림책 읽기방식에 깊은 사려가 필요하다. 전문 큐레이터의 안내로 읽는 그림책은 더 생생하고 더 깊은 감동을 자아내는 경우가 많다.

시각언어의 기본적인 이해는 그림책을 더 재미있게 읽을 수 있는 안목을 키울 수 있다. 그림의 기본 요소인 점, 선, 형태, 색, 비율, 공간, 구도와 원근법, 크기와 위치 등은 독자가 심상으로 읽는 감각의 활자들이다. 시간과 공간의 움직임을 나타내는 기호들이다. 독자의 심상이 일으킨 의미에 따라 화답하는 메아리와 같은 언어다. 푸른 점 하나가 여럿이 집단을 이루면 물결이 일렁거리는 바다로 읽힌다. 크고 울퉁불퉁한 형태의 귀퉁이에 작게 갈라진 선을 보면 바위틈에 피어난 민들레꽃을 마주한 듯 반가운 인사말을 건네게 한다.

전문가 수준의 이해가 아니어도 괜찮다. 그림책의 그림은 자체로 울림을 준다. 그림책은 글과 그림이 대화를 나누는 연극과 같다. 창공과 땅이 대칭을 이룬 배경에 소년과 새 한 마리가 극단적으로 격리되어 있는 장면을 보고, 소년의 귓가에 넌지시 건넨 새의 말을 상상하는 건 어렵지 않다. 소년이 용기를 얻고 하는 다짐의 말도 쉽게 상상할 수 있다.

그림책은 아동문학의 장르에서 회화예술과 무대예술을 아우르는 종합예술로 장르가 이동하고 있다. 혹자는 제10의 예술 콘텐츠라고 일컫기도 한다. 예술적 심미감이 지적 호기심을 자극하는 전 생애 맞춤형 자기계발의 목적에도 나쁘지 않을 것 같다.

【어른과 어린이가 함께 읽는 그림책】

요즘 그림책 시장의 팽창은 상상 이상이다. 대상 독자가 유아와 어린이에 한정되지 않는다. 성인이 읽기에 딱 좋은 그림책들도 출간되고 있다. 태교에서 100세까지 전 세대에 걸쳐 독자층이 두터워졌다. 그래서인가, 특정 독자를 위한 맞춤형 서비스산업도 생겨나고 있다.

사실, 입에서 귀로 전해지는 이야기의 가치는 여전히 유효하다. 그림동화의 글을 읽으며 그림을 힐끗거리는 재미도 무시 못 한다.그림책은 누군가와 같이 읽어야 제맛이다. 누군가 소리 내어 읽어준다면 그림이 말하고자 하는 의미를 더 즐겁게 감상할 수 있다. 한 가지 더해서 그림책 속의 멋진 그림 한 컷을 모사해서 색칠해 보자. 색 자체가 말 붙이는 탁월한 힘으로 분위기가 밝아질 것이다. 제 스스로 멋스러워 품위 있는 배려로 활용하기 좋다. 짧은 시간 누군가를 기다리는 데, 혹은 마음을 편안하게 가라앉히는 데 안성맞춤이다.

그림책 저널치료가 또래들의 즐거움만으로 그치는 것은 아니다. 또래들의 반응은 어른들에게 또 다른 배움의 현장이다. 또래들에게 받은 영감이 어른들을 성숙하게 변화시키는 자원이다.

아이들이 좋아하는 것을 보고 뿌듯했다. 새로운 아이들과 만난다는 것이 부담스럽고 막연했다. 일단 시작하면 아이디어도 생기고 그런다. 서로 서먹서먹하게 어색해했지만 빠르게 친해졌다. 속마음을 털어놓아서 그런가, 단순하게 보아 넘기는 것들도 한 걸음 더 안으로 들어가면 의미를 줍게 된다. 글쓰기는 언제나 자기치유다. 그렇지만 어렵다. 욕심만큼 안 된다. 그래서 훈련이 필요하다.

〈그림책 읽어주는 40대 여〉

아이들이 어떤 성장을 이룰 수 있을지 궁금했다. 어떻게 도와야할지 고민했었다. 아이들이 쓴 활동 집을 쭉 살펴보았다. 조금씩, 조금씩 작업했던 것을 모아놓으니 스토리집이다. 그래서 저널이었다. 엄마인 나도 그림책을 대하는 생각이 많이 변했다. 단순히 줄거리를 집중해서 보는 게 아니라 한 장면 장면을 느끼게 되었다. 그림책은 경험을 되새기고 지식습득을 미루고 싶은 누구나에게 좋을 것 같다.

〈그림책 읽어주는 30대 여〉

한 글자 한 글자 꾹꾹 눌러쓰는 아이들의 모습은 진지하고 대견했다. 세련되게 쓰려는 고학년의 고심이 즐겁기까지 했다. 옆 친구가 끝마친 후에야 한 단어 첫 문장을 끼적이는 아이도 있었다. 자신들이 써놓은 글을 무척 아끼는 마음은 누구나 같은 거 같다. 자신들이 완성한 생각이라 몹시 소중하게 여기는가 싶다. 자기자신을 사랑하는 마음이라고 생각한다.

〈그림책 읽어주는 50대 여〉

3. 누구 이야기일까?

그림책을 소리 내어 읽어주는 시간, 조용하다. 고즈넉하나 적적하지 않다. 체리를 좋아하는 원우가 엉덩이를 한쪽으로 내밀고 발가락을 꼼지락거린다. 남들 색칠할 때 저 혼자 방방 뛰어다니던 모습과 딴판이다. 갸웃갸웃 다가와 자연스럽게 고개를 떨어뜨리고, 어떤 소음도 일으키지 않으려 한다. 고개를 약간 뒤로 젖히고 턱을 들고 허공을 응시하고 있다. 헤벌어진 입을 오래도록 다물지 않고 있다. 자기 내면을 응시하는지 눈의 초점이 흐려 보인다. 태양 볕을 충분하게 쬐는 느낌, 그것은 평화다.

누구나 예고 없이 평범한 일상이 깨지면 순간 당황한다. 하물며 아이들은 얼마나 당황하게 될까? 그러나 놀라울 정도로 색칠하기에 푹 빠져든 아이들을 깨워야만 했다. 글줄이 많은 책에 흥미를 가질 열 살 즈음의 친구들에게 그림책을 내밀면 어떤 반응일까? "'그림책은 시시해'하고 고개를 흔들지 않을까?"하는 우려가 무색하게, 흔쾌한 반응을 보였다. 그림책의 표지를 보여주며 질문했다.

따뜻한 세 번째 질문이다.

Q3. 누구 이야기야?

아이들의 동공이 커지고 말이 쏟아져 나왔다. 제목만 봐도 누구라는지, 어둔 색은 슬픈 이야기라는지, 웃음도 있을 거라는지…. 그러면서 겉모습만 보고 알 수 없다는 듯 가까이 더 가까이 다가왔다. 만지고 비집고 잡아당기고 서로를 못살게 굴었다. 소심해 보이는 아이조차 밀쳐지는 데 저항했다. 제대로 알아가는 과정은 눈으로 보고 귀로 듣는 것만으로는 부족해 보인다. 온몸으로 부대끼며 감각으로 배우는 것 아닌가 하는 생각이 들었다.

【그림책의 서사】

그림책을 소설처럼 줄거리 위주로 읽는다면 얼마나 싱거운 맛일까? 그림책의 플롯은 대개 단순한데, 보물찾기 놀이와 흡사하다. 평면적인 눈에는 재미가 보이지 않는다. 나뭇가지 사이를 뒤지고 돌멩이를 들춰 보고 벽 틈을 자세하게 엿보아야 재미가 보인다. 은밀한 은유의 공간에서 시간의 흐름에 따른 인과관계를 엮어내는 것은 독자의 몫이다. 침 튀어나오게 우스운 장면에서 무릎을 치고 껄껄 웃고, 어처구니없는 장면에서 쌍심지를 켜고 탁자를 내리치고, 꾸지람 듣는 장면에서 편들고, 화나고 분하고 억울한 장면에 초점을 모으면 깨알 재미가 더하다. 복잡한 사고를 즐기는 사람이라도 깊은 공명을 통해 영감을 얻을 수 있다.

그림책의 서사는 우리의 일상과 비슷하게 엮여있다. 누구나 일상에서 겪을 수 있는 실수나 착오가 주를 이룬다. 감각적으로 지각하고 오해거나 착각이었음을 직관할 수 있다. 갈등의 실마리를 눈으로 확인할 수 있다. 장면이 바뀌는 동안 사건이 벌어진 이유와 결과를 확인할 수 있다. 고도의 지략이나 음모를 파헤치려고 골머리를 쏟지 않아도 좋다.

이를테면 숨 가쁘게 약속장소에 도착했는데 아무도 없을 때, 우리는 여러 가지 상상을 한다. 일단 약속 시간과 장소에 대한 착오인지 염려하고, 다음으로는 상대의 태도를 원망하고 걱정하다가, 시간이 더 지나면 속상하고 억울해 한다. 더 나아가 전에 있었던 비슷한 일까지 떠올리면 콩알만 한 사건을 태산만 하게 키우기도 한다. 합리적인 사고가 마비를 일으키기 전에 빨리 현실로 돌아와야 하는데, 때맞춰 상대가 도착한다. 상상한 모든 오해가 속 시원하게 풀린다.

한 장면을 따로 떼어 놓으면 자신의 전부처럼 보이지만, 전체의 흐름으로 바라보면 자그마한 부분이다. 앞에서 벌이지는 일을 지각한 그대로 받아들이기가 현실에서는 쉽지 않다. 그 일이 불쾌하고 기분 언짢다면 아무리 자그마하더라도 실제가 아닌 낯선 느낌으로 다가온다. 그래서 사건을 확대하거나 축소하여 자신의 의식에 들어오지 않게 방어하는 기능이 작동한다. 기분 좋을 때 돌이켜보면 그것이 자신의 착오였음을 발견할 수 있다.

그림책은 일상에서 일어나는 소소한 인과관계를 알아차리기에 좋은 구경감이다. 사람들 사이에 다양한 감정이 개입하여 관계를 멀어지게 또는 가까워지게 하는 것을 구경할 수 있다. 그림책은 보기 드물게 완전한 감정놀이다. 놀이의 세 가지 요소를 완벽하게 갖추었다. 즉 쉽고 간단하고 재미있다. 그래서 또 다시 읽고 싶은 욕구를 자극한다. 유치하기에 단순하다. 후루룩 그림책을 덮은 사람에게 다가가 다시 책을 펼쳐서 그림을 하나씩 해석해 주면 의외로 즐거워하는 것을 볼 수 있다. 결코 줄거리가 시시하지 않다는 말이다.

【그림책에서 보물찾기】

이명애 작가가 지은《플라스틱 섬》[3]은 검은 묵향이 진하게 배어나오는 듯하다. 흡사 바위섬이 연상되는 검은 몸집에 붉은 부리를 가진 새 한 마리가 이야기를 들려줄 누군가를 기다리고 있는 듯하다. 그래서 글을 읽고 있는 나라도 그 새의 이야기를 꼭 들어주어야 할 것 같은 느낌이 든다.

이 그림책의 서사는 간단하다. 붉은 부리 검은 새가 플라스틱으로 울긋불긋하게 물들어가는 바다를 보여주고 있다. 바다에 사는 생물들은 처음 플라스틱을 보고 신기하고 즐거운 놀잇감으로 여겼다. 그러나 점점 많은 양이 쌓여 재앙으로 변하자 속수무책의 절망에 빠지고 만다. 이 그림책은 우리 주변에서 일어나는 크고 작은 일의 시작과 끝을 통째로 보여준다.

작은 점과 색깔의 수가 늘어날수록 독자의 궁금증에 대한 해답이 풀리면서 결국에는 재활용에 더 관심을 기울여야겠다는 실제 삶으로 연결한다.

---

3) 삼성출판사 2014

동화의 세계는 어렸을 때뿐 아니라 미래의 삶을 개척하기에 충분한 미지의 세계다. 할머니와 어머니의 무릎에 기대어 이야기를 들었던 정서적 교감은 여전히 유효하다. 어떤 연령이라도 언어순화와 지혜를 터득하기 딱 좋다.

그림책은 읽기방식보다 소리를 듣거나 그림을 보는 방식이 더 잘 어울린다. 엄마와 자녀, 아내와 남편, 친구와 친구, 직장 동료라도 좋다. 손에 든 스마트 폰을 한쪽 주머니 속에 집어넣고 잠시 서로의 어깨에 기대어 휴식을 가져보자.

무슨 일이 있었던 것일까? 그림책을 다 읽어주고 책을 덮었는데도 또래들이 움직이지 않는다. 얼음땡 놀이처럼 눈치를 살피는 게 아니라 멍하게 정지 상태다. 뭐라고 말 붙이면 깜짝 놀라 소스라칠 것 같다. 마음을 붙잡고 놓아주지 않는 그림책 속 인물들과 실랑이라도 벌이는 것일까? 미련하게 떨치고 싶지 않는 느낌, 이것이 감정이입이다.

【접촉과 물리침의 경계】

망고를 좋아하는 현기가 만화책을 보려고 도서관에 들어왔다가 얼떨결에 소리 내어 읽어주는 그림책을 알게 되었다. 그리고는 지금은 얼음땡이다. 아마도 내면의 상태에 주의를 기울이는 현상인 듯하다. 자신의 기분을 조절하는 순간으로 다가왔다. 10초에 불과한 아주 짧은 찰나다. 대개는 예민한 감각의 초점이 온통 외부에 쏠려 좀처럼 가만히 있지 못하는데, 순간이지만 인내하는 법을 저절로 배우는 것 같다. 자기 자신한테 초점을 기울인다는 것은 굉장한 반응이다. 마음속에 남아있던 나쁜 감정을 흘려보내는 것이었을까? 욕구좌절에 대한 경험이 되살아난 것일까? 언젠가 자신이 원했던 부모와의 관계를 재구성하는지도 모르겠다.

넌 왜 자꾸 왜 이러니?
너만 없으면 좋겠어.
제발 저리 좀 가란 말이야.
너 입 다물어
입 안 다물면 죽어날 줄 알아
정리나 다 하라고
왜 이렇게 물건을 잘 잃어버리니?
저리 좀 가봐 너 때문에 피곤해 죽겠어

위의 글에서 보듯, 간절하게 사랑을 원하며 다가갈수록 다가오지 말라고 내치는 말들이다. 어린 시절 이러한 외상은 누구에게나 존재한다. 처음 부모가 된 어머니나 아버지가 결코 완벽한 어른이 아니니까! 너무 어린 시절이라 기억에 떠올리지 못하지만 짐작은 간다. 실제로 자녀를 키운 엄마들이 대개 고백한다. 미안한 마음이 들 때도 많아서 반성하지만 다음 날이면 어김없이 반복한 적이 있었노라고.

인생 초기는 누구라도 학대, 무시, 버림받음과 같은 상실을 경험한다는 학자들의 보고도 있다고 한다. 물론 즐겁고 기쁘고 평화스런 기분이 더 많다. 더 많은 긍정의 경험이 자신의 가치감을 살찌운다. 하지만 사람은 필연적으로 슬프고 공허함을 느끼는 상실을 겪어야 한다는 것이다. 상실과 같은 부정적인 경험은 고통이지만 자아를 강하게 단련시키는 숙제다. 실패와 좌절을 이겨내는 연습이고 훈련인 셈이다. 실패를 극복할 때마다 자아탄력이 생기고, 그럼으로써 예기치 못한 어려움도 유연하게 대처하고 지혜롭게 해결할 힘을 얻을 수 있는 것이다.

【게슈탈트, 10초의 용기】

두 자매와 화가가 등장하는《에디트 그리고 에곤 실레》[4]는 실존 인물의 이야기인데 그림의 분위기는 전체적으로 화려하다. 물감의 덩어리가 몽글몽글해서 손을 집어넣으면 금방이라도 묻어나올 것 같은 터치다. 손가락 끝에 묻은 색감을 따라 화자가 말하고 싶은 전부가 전해지는 것 같다. 화려한 색채와 붓 터치의 역동감은 화가 부부의 쓸쓸한 죽음을 압도한다. 또래들이 죽음의 주제를 자연스럽게 받아들여서 의외였다.

'맑고 밝고 아름다운 세상만 아이들에게 보여줘야 할까?'

'현실에서 겪을 수 있는 갈등이나 고통을 솔직하게 드러내선 곤란할까?'

또래들에게 알맞은 주제인가 주춤했던 책이었다. 하지만 현실의 민낯을 아름답게 가공한 것이 나쁠 것 같지 않았었다. 책을 통한 간접경험은 감정의 완충지대와 같다. 언제라도 마주칠 수 있는 실제 상황을 있는 그대로 직면할 수 있게 한다. 그런 면에서 작가들의 활약은 대단히 귀하다. 그들이 말하고 싶은 의미를 더 깊게 호흡하는 것이 예의라고 생각한다.

---

4) 하리엣 반 레이크 지음, 톡출판사, 2016.

그림책을 덮고 난 후, 멍한 상태에서 기쁘고 슬프고 외롭고 부끄러움과 같은 감정들이 혼재하다가 가장 마음에 와 닿는 감정이 도드라지면 나머지 느낌들은 거짓말처럼 사라진다. 그림의 전경이 초점에 들어오면 배경은 멀어져가는 이치다. 심리학에서는 이러한 현상을 '게슈탈트'라고 설명한다.

게슈탈트는 심리적 기능이 약하여 선택도 물리치지도 못하는 경계상태에 머무름을 일컫는다. 그림책을 덮고 난 후 10초에 불과한 시간은 심리적으로 해결하지 못했던 부정적 경험을 재구성하기 딱 좋은 순간이다. 선택과 집중의 이면에는 물리침의 용기가 있다. 외면하고 싶었던 부정적 경험을 그 용기로 바라보는 것이다. 어떤 이유로 그렇게 우울하고 슬펐는지 냉정하게 분별할 수 있다. 아하, 그랬었구나! 하고. 아이들의 움직임이 시작되자 물었다.

따뜻한 네 번째 질문이다.

Q4. 왜 멍하지?

망고를 좋아하는 현기가 손을 번쩍 들었다. 그리고 말했다.

"결혼식장에 손님이 없어서요. 그림만 있어서요."

멍한 이유치고 참으로 감각적인 해석이다. 스스로 생각할 수 있는 힘의 표현이다. 모호한 감정에 휩싸인 정신을 깨우는 것이 질문이다. 알을 깨고 나올 수 있도록 껍질을 조금씩 두드려 주는 어미닭의 부리와 같다. 자신의 생각을 발전시켜 나갈 수 있도록 건드려주는 자극이다. 현기는 아직도 할 말이 많았다.

손님들이 없다. 그래서 슬프다. 누나들이 놀아주지 않았을 때 나는 슬펐다. 그런데 그림으로 가득 찬 결혼식장이 화려하다. 두 자매가 살았고 동생이 만나 결혼한 남자는 화가기 때문이다.
남자가 전쟁에 나가고, 개를 키운다. 여자가 기다리며 살다가 다시 만났다. 그러나 배가 고파서 죽고 말았다. 그림은 안 팔렸다.
에곤 실레는 죽으니까 안 좋은 거 같다. 사람은 누구나 죽어, 아 그래도 일찍 죽었다. 나보다는 많이 살았네. 나는 아직 산지 9년인데 실레는 28살이니까. 우리 외할머니는 88살에 돌아가셨다. 〈9세 남〉

어려움을 이겨내고 긍정의 경험으로 변환시킨 성취감이 자기신뢰다. 부모의 칭찬과 겨룰 수 없는 통쾌한 자기만족이다. 이로써 부모와의 밀착된 감정에서 독립하여 자아의 분화가 일어난다. 긍정적 경험만을 추려서 제시하기보다 부정적 경험을 이겨가는 과정을 격려하고 지켜보는 노력이 더 중요하다.

만약 부모가 인내하지 못하고 지나친 친절이나 간섭을 할 경우, 자녀는 스스로 극복하지 못한 데 따른 부정적 감정을 무의식 가운데 죄책감으로 쌓게 된다. 그리고 그것이 내재적 성격이 되어 알게 모르게 자기비판자가 된다. 예기치 않은 결과를 과대 혹은 과소 평가하여 합리적인 판단을 방해한다. 심하면 자신이 아닌 다른 사람을 향한 증오나 적개심으로 표출되기도 하는데, 참으로 안타까운 일이다. 부정적 경험에 대한 예민함은 취약한 심리기능을 더욱 취약하게 한다.

기분에 따라 좋은 게 좋다거나 아니면 말고 식의 양극단으로 받아들이는 경향이 우세하다. 매몰된 감정에서 빠져나와 디테일을 보기위해 인내하는 힘이 필요한데, 또래들이 자신에게 주의를 기울이는 반응은 대단했다. 애매하게 다가오는 느낌과 접촉하는 셈인데, 그 접촉은 세상을 있는 그대로 바라보는 지각이다. 주의를 기울이며 단 하나의 느낌을 선택하려는 의지가 집중이다.

책에서 보았던 장면들은 어떤 형상으로 머릿속에 남아있을까? 인상적인 장면을 떠올려보라 말했다. 이미지가 있긴 있으나 붙잡으려 하면 흩어지고 애매할 테지. 있는 그대로 형상화 했어도 적절한 단어로 표현하려면 쉽지 않겠다.

리치를 좋아하는 준서가 장면을 찾는지 왼쪽으로 굴리는 눈동자가 멈추지 않고 있다.

'뭐였더라?'

있긴 있었는데 말로 표현이 잘 안 되는 모양이다. 인상을 찌푸리며 생각에 골똘히 빠져 있다. 도대체 준서의 머릿속에서 무슨 일이 벌어지고 있는 것일까? 진지한 표정을 보아하니 뇌의 혈류가 왕성하게 활동하는가 보다. 해마(Hippocampus)라는 뇌구조물이 기억과 회상정보를 처리한다. 포도당이 많이 필요하겠다. 어쩌면 순간기억이 장기기억의 창고를 뒤져야 하지 않을까? 언어처리까지 하려면 여간 복잡하지 않겠다.

【한눈에 사로잡은 이미지】

한눈에 마음을 사로잡았던 이미지가 뭐였더라? 다양한 색깔과 분위기와 느낌은 어느새 꿈처럼 아련하게 사라졌다. 밝고 투명한 색조였는데, 부드러운 느낌보다 아슬아슬하게 보인 이유가 뭐였더라? 그림 속의 소년이 혼자라서 그렇게 보이나? 이야기의 줄거리가 안타까움을 만들어내나? 카메라의 줌을 밀고 당기듯 책 속의 장면을 여러 가지 각도에서 바라보는 것 같다. 시각언어를 번역하는 사람처럼…

망고스틴을 좋아하는 서희가 묻는다.
"도형으로 말해도 돼요?"

수박을 좋아하는 인오가 묻는다.
"코끼리를 다람쥐로 바꿔서 말해도 돼요?"

그리고서 다시 묻는다
"하고 싶은 대로 해도 돼요?"

아보카도를 좋아하는 천호가 이마를 가린 머리카락을 입술바람으로 젖혀놓고 말했다.
"학교에선 뭐든지 하라는 대로만 해야 해요. 귀찮아요."

머리 긁던 손톱 먼지를 훅 부는 모습이 더 인상적이었다. 생각할수록 신경이 더 날카로워지는 것이 분명해 보였다. 하나의 장면을 다양한 각도로 바라보는 기웃거림은 좋은 영향을 미쳤으나 말로 표현하기 위해 필요한 선택과 집중 면에서는 그렇지 않았다. 순간, 질문이 잘못되었다는 것을 깨달았다. '인상'이란 순간포착인 것을 잊었다. 시간이 지체될수록 인상은 사라지고 해석이 달라붙는 것인데 말이다. 여전히 머릿속을 꼼지락거리며 모범 답안을 뒤지는 또래들에게 다시 질문을 던졌다.

따뜻한 다섯 번째 질문이다.

Q5. 인상에 남은 딱 한 장면은?

이렇게 쉬운 질문을 기다렸다는 듯 다양한 답이 쏟아져 나왔다.

서재가 인상적인데, 고요한 느낌이 든다.
소년이 쭈그리고 있는데, 가여운 느낌이 든다.
발 달린 책이 걸어가는데, 재미있다.
아까는 못 봤는데 신발이 도로에 떨어져 있다. 춥겠다.
'가만히 반성해!' 하는 엄마목소리가 들리는데, 나랑 똑 같다.
도토리가 굴러가는데, 쓸쓸하다.
여자아이가 책을 읽으며 걸어가는데, 사고날까봐 아슬아슬하다.
도서관, 도서관에 자주 가니까.

아이들에게 깊은 인상을 남긴 그림책 《꼬마 책 곳》[5]은 빨강이 많은 책이다. 빨강은 뜨겁고 짜릿하고 절박한 느낌을 준다. 그리고 화려하고 중후하다.

---

5) 쿄 맥클리어, 주니어 김영사, 2016.

아이들의 감정에 활력을 듬뿍 뿌려주어 마음을 간지럽히는 듯하다. 눈동자가 돌아가고 입꼬리가 올라간다. 책 뒤표지의 소개글이 흥미로워서 선택했다.

> 어느 날 한 소년이 꼬마 책 굿을 만났다. 다른 책처럼 반짝이는 메달도 없고 덧싸개도 없지만 꼬마 책 굿은 소년에게 깊은 바다 속 이야기도 들려주고 먼 나라의 이야기도 들려주었다. 그런데 소년이 꼬마 책 굿을 잃어버렸다. 꼬마 책 굿을 찾는 과정에서 소년은 다른 책과도 마음을 열게 되고 긍정적인 마음으로 변화한다. (《꼬마 책 굿》, 표지글 중에서)

장면이 정말 다양하다. 그림책에서 장면이 갖는 의미는 특별하다. 시간과 공간이 교차하며 남긴 행간의 의미를 정확하게 떠올리는 효과가 있다. 언어가 개입하기 이전에 있던 그대로의 경험을 다룬다. 의미를 부여하지 않은 민낯의 기억이 무의식적으로 떠오를 수 있다. 언젠가 겪었음직한, 자신도 잘 알지 못했던, 다시는 떠올리고 싶지 않은, 자신에게 있었던 일이라고 믿어지지 않는, 제때 처리하지 못한 부정적인 정서가 묻어 있을지 모른다. 아프고 억울하고 수치스러웠던 기분이 아직도 그대로 남아있을지 모른다.

【평화의 꽃으로 피어난 이야기 】

이러한 무의식을 의식화하는 것이 의미부여다. 의미부여는 기존의 기억정보를 재구성하는 것으로, 뇌 속 시냅스의 변화라고 설명할 수 있다. 가령 더하기 연산을 곱하기 연산으로 재구성하는 것처럼 학습이 일어나는 것이다.

다른 말로 회상을 통한 의식의 가지치기이며 자기인식 자체다. 나쁜 일을 겪고도 좋게 생각하면 긍정적인 자기인식을 낳는다. 좋은 일을 겪고도 나쁘게 생각하면 부정적인 자기인식을 낳는다. 자기인식이란 스스로 자신을 읽어내는 학습이다.

심리적기능이 취약한 경우 기억이 아예 없다고 부인하며 회상을 거부하기도 한다. 이것이야 말로 자기부인이 학습된 것으로 완벽하거나 유리하지 않은 상황을 외면하려는 무의식적 시냅스다. 어쨌거나 의미부여를 할수록 시냅스의 연결망은 촘촘해지고 사고의 기능은 정교해질 것이다.

의미부여가 분노나 화를 이해와 관용으로 재구성하는 뇌의 시냅스 작용이다. 이유 없이 치미는 화가 무의식의 표출이라고 생각해 보라! 무조건 참으려는 노력은 자기인식의 폭이 점점 줄어들어 더욱 완고한 고립감에 빠져들 수 있다. 무의식이 의식을 덮칠 때 히스테릭한 신경증이 일어나거나 정신분열이 일어난다. 정신의학에서 다루는 핵심은 결국 무의식의 의식화에 있다 해도 과언이 아니다.

1,000억 개나 되는 뇌의 뉴런은 언젠가 한번 시냅스 된 기억만 재생할 수 있다 하니, 시냅스 되지 않은 기억은 재생할 수도 없다하니, 자신이 찾아낸 인상은 꿈에서라도 보았을 자신의 기억이라고 말할 수 있다.

그림책은 우리에게 언젠가 있었음직한 기억을 떠올리도록 기회를 제공한다. 기억하고 싶지 않은, 혹은 자신이 겪었다고 믿어지지 않는 기억까지. 새로운 의미를 부여한 기억은 추억으로 바뀐다. 그러면서 무의식중에 남아있을지도 모를 부정적인 감정을 해소시킨다. 더 편안하고 더 안전하고 더 즐겁게 스스로를 북돋워가도록….

이제 해마는 아주 긍정적이고 아름다운 기억 하나를 새로 저장할 것이다. 해마는 언어와 감정을 연결하는 구조물이라고 하니, 아름답고 기분 좋은 말과 글로 가공하면 뇌의 활동전위가 더 활발해질 것이다.

방금 전 아이들이 떠올린 가장 인상에 남은 한 장면은 자신만의 의미가 내재되어 있었을 것이다. 흐릿한 기억을 다시 한 번 떠올려 명료하게 재구성한 셈이다. 이러한 의미의 재구성은 더 편안하고 즐거운 기분을 만끽하는 추억놀이 자체라고 볼 수 있다.

마음에 확 와 닿는 느낌을 알아차린다. 그런데 그 느낌의 감각에 어울리는 낱말을 찾기 어렵다. 우물쭈물하다가 아무 일도 일어나지 않았던 것처럼 지나치고 만다. 대화를 즐기는 사람들은 복잡한 느낌을 잘도 표현한다. 누군가와 이야기를 나누려면 마음에 와 닿은 느낌에 어울리는 이름을 지어주어야 한다. 느낌에 어울리는 감정 말을 자주 사용할수록 사려 깊어지고 대인관계도 좋아진다.

독서활동에서 독자의 자기회상은 중요한 핵심이다. 회상한 내용은 자기발견이며 변화의 동기이기도 하다. 중요한 것은 회상한 내용을 바라보는 현재의 관점이다. 현재의 시점에서 자신의 과거를 반추하기에 자신의 성장을 비교할 수 있다. 회상한 내용에 대해 느끼는 느낌이나 감정을 말이나 글로 분명하게 말할 수 있어야 면밀한 분석이 가능하다. 다른 사람들과 질문을 통한 대화나 토론은 자기분석을 돕는 협업이다. <따로 다같이> 활동을 권유하는 이유다.

그림책에서 인상에 남은 한 장면을 떠올리고 나면 할 말이 많아진다. 자기인식의 틀을 재구성할 수 있는 기회다. 가치관의 방향성과 질적 향상을 꾀할 수 있다. 질문은 자기인식의 틀을 재구성하게 이끈다. 질문의 방향과 수준에 따라 재구성의 질이 천차만별하다.

【마음의 체기】

그림책 저널치료는 인식체계의 변화에 관심을 두고 있다. 인식체계는 받아들인 정보를 해석하는 필터다. 그런데 필터의 거름망이 느낌이나 감정으로 엮여있는 것처럼 느낌이나 감정에 절대적인 영향을 받는다. 지식정보의 확장은 막히지 않는 필터라야 긍정적으로 발전한다.

그림책을 읽고 떠올린 장면에서 받은 느낌이나 감정은 중요한 단서다. 이런 저런 감정에 파묻혀 드러나기를 꺼려하는 핵심감정을 추출할 수 있기 때문이다. 핵심감정은 자신의 콤플렉스 감정이다. 자연스런 인식을 가로막고 있는 필터의 찌꺼기다. 우리네 정서에서 가슴에 맺힌 응어리라는 마음의 체기(滯氣)다. 핵심감정이라는 말은 1970년대 이동식 선생님이 처음 사용했다. 그는 동양의 유(儒)·불(佛)·노장(老莊)의 사상과 서양의 정신의학을 융합하여 '도(道) 정신치료'를 구현시켰다. 그에 따르면 핵심감정으로부터의 해방이 정신건강에 이르는 길이다.

아이들에게 인상에 남은 장면에서 느낀 핵심감정이 무엇이냐고 대놓고 물을 뺀 했다. 아이들은 긴 설명을 꺼리고, 나는 아이들의 열려있는 직관을 믿는 편이라 무미건조한 질문을 좋아했기 때문이다. 그러나 이번만은 질문을 던지는 내가 더 헷갈렸다. 그래서 질문을 두 개로 쪼개서 처음에는 장면에 대한 느낌을 묻고, 핵심감정에 대한 이해가 충분해진 후에 감정 말에 대해 물었다.

따뜻한 여섯 번째 질문이다.

Q6. 그 느낌의 감정 말은?

- 첫 번째 질문 : "그 장면에서 어떤 느낌이 들었을까?"
- 두 번째 질문 : "그 느낌_핵심감정의 감정 말은?"

슬플 때 슬퍼하고 기쁠 때 기뻐하는 사람은 감정에 대해 사려 깊게 반응한다. 다른 사람의 기쁨을 진심으로 기뻐하는 사람은 공감이 뛰어나다. 다른 사람의 감각을 자신이 직접 느끼는 것처럼 자극을 받는다. 유연한 반응과 뛰어난 공감은 풍부한 정서에서 비롯한다.

정서가 아닌 이성으로도 느낌이나 감정을 표현한다. '이건 슬프다'거나 혹은 '기쁘다'라고 말로 규정한다. 감정을 이성적으로 분석하여 말로 표현한다. 그래서 자신의 감정에 무덤덤하고 남의 감정도 적절하게 알아차리지 못한다. 감정인 것 같지만 사실은 자신의 판단으로 간섭하고 잔소리를 늘어놓는다. 함께 아파하고 슬퍼하는 정서적 공감과 확연한 차이가 있다.

감정은 가까운 사람들과 상호작용을 하면서 학습이 이뤄진다. 타고난 성격과 자라난 환경의 영향을 받는다. 어쨌거나 가정은 가장 원초적인 환경으로 감정을 학습하는 장이다. 사람들은 인생 초기에 가정에서 자신을 키워준 양육자로부터 얻은 긍정적 느낌은 양분으로 쓰고, 부정적 느낌는 억압해서 무의식 아래로 침잠시키는 것을 배운다. 예를 들어, 어린아이가 "안아줘!"라고 요구하는데 양육자가 "조금 기다려" 하거나 "저리가" 하면 어린아이는 거절과 무시를 배우고, 반대로 언제라도 하던 일을 미루고 달려와서 안아주면 포용과 안정을 배운다. 거절과 포용이 양육자의 기분이나 감정에 따라 달라지면 양가감정을 배우게 된다. 어려서부터 학습한 경험이 쌓이고 쌓여 사춘기, 청년기가 되면 독자적으로 활성화되어 특유한 성격으로 굳힌다.

그런데 참으로 고약한 것이, 감정 표현의 방법이 바뀌지 않는 한 한 집에 사는 두 사람의 대화는 평행선을 달린다. 한 사람은 윽박지르고 화내고 다른 한 사람은 눈물 질질 짜고 슬퍼한다. 한 사람은 히스테릭한 목소리로 꾸짖고 다른 한 사람은 말로만 알았다고 한다. 두 사람은 이내 돌아서서 언제 다퉜냐 싶게 웃고 떠든다. 맛있는 요리를 함께 먹고 같이 쇼핑을 하고 영화를 보면서 시간 가는 줄 모르게 친하게 지낸다. 똑같은 패턴을 거듭하며 멀어졌다 가까워지기를 반복한다. 어느 한쪽의 스트레스 수치에 따라 정도의 차이가 있을 뿐이다. 참으로 신비롭다.

느끼는 기분이나 감정을 말로 표현해야 할 때다. 기분이 좋은 때가 언짢을 때보다 많다고 행복한 것은 아니다. 언짢을 때 언짢다고 좋을 때 좋다고 스스럼없이 표현할 수 있어야 행복한 것이다. 두루뭉수리하게 넘어가서 재미있는 이야기는 따로 있다. 그림책 《베개애기》[6]의 소재는 베개다. 어린 소녀가 아기처럼 돌보는 베개는 눈·코·귀·입이 없어 두루뭉수리하다. 상고단발머리 어린

6) 송창일 지음, 이영림 그림, 개암나무, 2014년 9월

소녀가 얼굴이 빨개졌다. 예전 할머니들이 입었을 법한 하얀 저고리와 검은 치마를 입고 있어서 더 그렇다. 외로우면 외로운 대로, 부끄러우면 부끄러운 대로 자신들이 떠올린 느낌이나 감정으로 스토리텔링 할 수 있다.

또래들의 활동이 여섯 번째에 접어들었다. 색칠하기와 이야기 듣는 데 걸리는 시간이 현저하게 줄었다. 그림책에서 받은 인상으로 자신의 경험이나 기억을 더듬거리는 데 걸리는 시간도 매우 짧아졌다. 일련의 패턴에 적응할수록 이야기 나눌 시간이 길어졌다. 그 즈음 또래들의 반응에서 신기한 것이 눈에 띄었다. 그것은 바로 자신의 이야기를 말로 표현하기보다 글로 표현하기를 원한다는 것이다. 이말 저말 두서없이 헤매는 것도 자기 나름의 방식으로 정리한 것을 표현하는 데 안정감을 느끼는 것이라 여기게 되었다.

긍정적 느낌 표현	부정적 느낌 표현
‖ 뿌듯하다, 산뜻하다. 뭉클하다. 벅차다, 따뜻하다. 포근하다, 차분하다, 신난다, 두근거리다, 평화롭다, 자신 있다, 정겹다. 짜릿하다, 당당하다, 흐뭇하다. 만족하다, 유쾌하다, 자랑스럽다. 기분이 좋다. 주의 깊다, 매혹적이다, 열중하다, 기대된다. 명랑하다. ‖	‖ 걱정되다. 무섭다. 오싹하다. 불안하다. 갑갑하다. 슬프다. 야속하다. 서운하다. 우울하다. 따분하다. 억울하다, 열 받다. 불편하다. 거북하다. 언짢다. 화나다. 좌절하다. 시샘하다. 당혹스럽다. 얕보다, 천박하다. 불쾌하다. 지겹다. 메스껍다. 마음이 내키지 않다. 울적하다. ‖

베개애기는 두루뭉수리해요. 그리고 말도 없고 얼굴도 없고 듣지도 못하고 할 수 있는 게 아무것도 없지요. 그래서 베개애기는 온종일 응달 아래서 누가 나를 베 주나 기다리지요. 베개애기는 그 한자리에 머물며 많은 시간을 보내요. 주인과 함께 봄이 지나고 여름이 지나고 가을이 지나고 추운겨울도 지나 매일같이 세월을 보내고 보내죠.

그런 베개애기는 외롭지 않아요. 그렇게 세월이 지나 주인이 하늘나라로 가자 베개애기는 외롭고 슬펐어요. 그렇게 베개애기는 불에 타버리고 한평생을 주인님과 보내었답니다.

이 이야기의 감정은 외로워요. 저는 외동이라 가끔씩 무언가를 할 때 누군가가 없고 그럴 때가 가끔씩 외로웠어요. 그래서 그런 생각을 갖고 글을 썼습니다. 그래서 저는 이 글을 통해 가끔씩 무엇을 할 때는 조금이나마 외로운 사람이라는 걸 알았어요. 〈12세 남〉

오늘 요를 새로 사왔다. 그리고 베개도 새로 사왔다. 나는 기분이 좋았다. 저녁이 되자 가족과 함께 밥을 먹었다. TV를 볼 때도, 놀 때도 계속 물을 마셨다. 잘 시간이 되자 새로 산요를 깔고 베개로 놓았다. 엄마가 자기 전에 양치하고 볼일을 보고 자라고 했다. 그런데 나는 양치만 하고 잤다. 다음날이 되었을 때, 요가 축축한 느낌이 들었다. 일어나서 요를 보니 오줌을 쌌다. 그런데 모양이 두루뭉수리였다. 나는 동생에게 망신을 당해서 구석에 있는 응달에 숨었다. 나도 이 글처럼 부끄러웠을 때가 있었다.

내 부끄러웠던 경험은 내가 내 이름으로 꾸미는 것을 하고 발표했을 때가 부끄러웠다. 나는 내가 부끄러움, 여러 가지 감정 중에서 약한 것이라는 것을 알게 되었다. 〈13세 여〉

【콤플렉스에서 해방】

지금 여기에서 느끼는 어떤 느낌은 언젠가도 느꼈던 것이다. 어떤 감정은 엇비슷한 예전의 상황을 동시에 떠올리는 경향이 있다. 시간이 흘러 상황이 바뀌었으나 감정이 해소되지 못한 사건이다. 어린아이처럼 채근하는 미해결감정이다. 다른 느낌이 접촉하지 못하게 경계하는 무의식의 활동이다. 지금 여기의 상황과 전혀 관련 없는 과거가 올바른 판단을 방해하는 셈이다. '뭐지?'하고 의식을 기울여 알아차리면 사라지는 느낌이다.

어린 아이들이 떼쓰는 것을 떠올리면 쉽게 이해할 수 있다. 슬픈 감정을 부모가 알아주면 아이의 떼는 사라진다. 그리고 점잖아지기까지 한다. 알아주고 인정하고 수용하는 것이 위로이고 지지다. 감정의 소통은 설득이나 이해보다 공감이다. 명쾌한 논리의 설명보다 간단하다. 조건 붙은 근사한 선물보다 훨씬 매력적이다.

새로운 감정표현을 연습으로 학습할 수 있다. 이미 길들여진 패턴에 주의를 기울임으로써 가능하다. '아, 이런 상황에서 이렇게 반응하구나!'라고 속으로 되뇌어보라! 말이 안 되는 주문이지만 자신의 감정을 객관적으로 알아차리는 데 그만이다. 과장하거나 축소하지 않고 있는 그대로 받아들이는 연습이다. 다가오는 느낌을 부인하고 변명하는 건 신념이 아니라 못된 습관이다. 못된 습관이 약화되기까지, 새로운 습관이 강화되기까지 상당한 시간과 의지가 필요하다.

감정은 자신만의 고유하고 주관적인 느낌이다. 자신의 핵심감정은 바로 특정 스트레스에 취약한 느낌이다. 취약하기 때문에 더 자주 반복되고, 취약하기 때문에 별일 아닌 일에도 쉽게 우울하고 분위기가 가라앉는 것이다. 우울한 건 우울한 거니까.

핵심감정이라고 하는 콤플렉스는 욕구의 결핍과 실패의 덩어리인데, 특정 상황에서 반복되므로 잘 알아차리는 것만으로도 증상이 호전된다. 그렇다고 증상이 완전하게 사라지는 것은 아니지만, 관심을 딴 곳으로 돌려 상황에서 벗어나려는 시도로서 훌륭하다. 이제 인식의 필터가 깨끗하게 정화되도록 노력을 하는 것이다. 핵심감정으로부터 해방되었으니 정신이 맑아지지 않겠는가!

기분이 가라앉고 우울하다고 느낄 때 노래를 크게 부르거나, 붓을 들고 큰 그림을 그리거나, 산에 올라가서 크게 소리를 지르거나, 아니면 달리기를 하거나, 하다못해 욕조에 물을 가득 받아 몸을 담그거나 등 할 수 있는 일은 정말 많다. 사랑받고 있다는 느낌이 들 때까지 뭐라도 하라! 그림책 저널치료의 글쓰기도 나쁘지 않다. 중요한 건 아는 게 아니라, 몸으로 경험하는 것이다.

세모, 네모, 동그라미, 별 모양의 색종이를 준비한다. 그중 마음에 드는 모양을 하나씩 골라서 하고 싶은 말을 각각 적는다. 저널 북을 펼쳐놓고 마음에 드는 색깔을 골라 순서대로 붙인다. 붙인 순서를 바꾸면 이야기가 달라진다. <따로 다같이> 활동에서 완성한 생각을 들어보면 각자가 생각해낸 말도 다르지만 색종이의 색깔과 모양과 붙인 순서까지 같은 사람을 찾아보기 어려울 것이다. 서로 생각이 다름을 인정한다는 느낌, 그것은 포옹이다.

갖가지 모양과 색깔의 기억정보에서 어느 한 시점의 경험을 떠올리는 것은 쉽지 않다. 그 어려운 일을 그림책은 쉽게 해내도록 힘을 준다. 핵심감정의 감정 말을 끄집어 낸 아이들에게 묻는다.

따뜻한 일곱 번째 질문이다.

Q7. "그런 느낌 든 적이 언제였지?"

실마리를 끄집어낼 때까지 기다린다. 실마리를 놓치게 하는 잡음이 군더더기의 부가설명이다. 자신의 세계를 탐사하는 아이들의 눈동자는 마치 우주를 유영하는 비행사와 흡사하다.

【자동적 사고가 멈추면】

그림책을 바라보면 저절로 고개가 끄덕거려진다. 그림이 글의 정보를 압도하여 판단의 일시정지를 일으킨다. 무조건적 공감은 대개 몹시 어려운데, 그림책은 무조건적 공감을 키우기에 참 좋다.

뇌의 사고영역이 판단을 일시 정지한 순간, 감각을 다루는 영역이 잽싸게 튀어나와 상황을 점검한다. 보고 듣고 만지고 느끼는 것을 해석하는데, 기존의 고정관념에 대한 새로운 해석이다. 의미부여가 그것이다. 의미가 달라지면 목적이 달라지므로 판단과 행동이 바뀐다. 한쪽에 치우친 선입관이나 편견을 바로잡아 균형을 잡는다고 생각하면 이해가 빠르겠다. 한번 스친 장면을 새로운 눈으로 본 적이 있다면 틀림없이 공감할 것이다.

《로지의 산책》[7]은 1968년에 미국에서 출판된 책이다. 풍차가 보이는 농가의 커다란 닭장에서 나온 수탉 로지가 산책에 나서는 표지다. 시간의 느린 흐

7) 팻 허친스 지음, 오정환 옮김, 더큰컴퍼니, 2007년 1월.

름과 공간의 이동 사이에 깨알 같은 재미를 담은 책이다. 넓은 여백과 깔끔한 선이 생동감과 경쾌함을 느끼게 한다. 무심하게 책장을 넘기다가 날카로운 농기구 그림으로 시선이 되돌아간다. 단 1초도 안 걸린 시간차를 두고 웃음이 빵 터진다. 수탉 로지를 뒤쫓아 오는 여우한테 무슨 일이 생길지를 단박에 알아차렸기 때문이다.

자세히 본다는 것은 자동적 사고의 멈춤이다. 마음속에서 계속 진행되는 사고의 흐름을 끊고 눈에 보이고 귀에 들리는 감각에 집중하는 행동이다. 어떤 사물의 실체나 벌어진 현상을 있는 그대로 느끼고 지각한다.

자동적 사고란 세부 특징에 초점을 기울이지 않거나 무시한 채 기존에 해오던 대로 판단해버리는 것이다. 의식적으로 알아차림 없이 단편적인 경험에 기초하여 전체를 판단하는 것이다. 전혀 엉뚱한 딴소리에 주변 사람이 놀라기라도 하면 자신의 말로 설명하고 설득하려고 애쓴다. 눈앞에 현상이 그대로 펼쳐져 있는데도 불구하고 자신의 주장을 굽히지 않으려 한다면 증상이 심각한 지경에 이르렀음의 반증이다.

옳다거나 그르다거나 이익이 크다거나 손해라는 판단이 사라지는 순간, 모든 감각이 활발하게 깨어나 반응한다. 자동적 사고를 멈추고, 있는 그대로 지각함으로써 자신의 판단이 일으키는 오류를 줄일 수 있다. 우리의 기초감각은 접촉을 기본으로 한다. 안정을 되찾기 위해 균형유지에 필요 없는 것들을 배설한다. 이때, 이해와 수용이 한순간에 급선회하는데, 이것이 공감이며 포옹의 행위다. 무조건적 공감은 있는 그대로 보는 것이다.

웃음이 빵 터지는 이야기는 누군가한테 얘기해 주고 싶다. 맛있는 음식을 대할 때도 소중한 얼굴을 떠올린다. 풍광이 좋은 곳에 가면 좋은 사람과 다시 오고 싶은 마음이 든다. 이야기, 음식, 풍광 등은 빌미일 뿐, 누군가와 함께 나누고 싶은 소망이며 욕구다. 자신도 모르게 무의식적으로 이러한 욕망이 작동하는 것이다. 누군가와 같은 경험을 갖고 싶은 것은 이만큼 원초적이다. 무조건적 공감을 그리워하는 본능이다. 머릿속에 저장한 기억이 같다는 것, 그것은 컴퓨터의 빅-데이터보다 더 정확하게 예측할 수 있는 무시무시한 힘이다. 미주알고주알 말하지 않아도 단번에 물보다 콜라를 원하는지 알아차린다. 서로 멀리 떨어져 있어서 보이지 않는데도 야구잠바를 입고 밖에 나갈 것을 예측할 수 있다.

상대방의 머릿속 기억정보를 함께 나눈다는 것은 공감대의 지형을 넓히는 또 다른 경험이다. 로지를 잡아먹으려고 호시탐탐 기회를 엿보는 여우가 연못에 풍덩 빠지는 장면은 아주 통쾌하다. 그런데 통쾌한 장면을 물리치고 통쾌한 감정에 주의를 기울이면 신기한 일이 내 안에서 일어나는 것을 알 수 있다. 지금 자신에게 질문을 던져보라.

"그런 느낌 든 적 언제였지?"

【자세히 보아야 예쁘다.】

사람들은 대개 이야기를 못해 안달한다. 그런데 정작 자신의 이야기는 털어놓기를 꺼려한다. 유독 언젠가 있었음 직한 나쁜 기억이 튀어나올까 경계한다. 회피하고 억누를수록 공감대가 좁아진다는 것을 알면서도 말이다. 그럴 때 그림책은 아주 좋은 도구다. 남아있는 로지의 잔상에다 자신의 이야기를 버무리기 딱 좋다. 누구의 이야기인지 알아차리기 애매할 것이다. 어쨌거나 자신의 마음에 감춘 속 얘기가 조금이나마 묻어 나온다. 이야기의 주인공이 로지와 여우에서 '나'로 바뀐다.

"놀이공원에서 아빠랑 같이 타버렸다 거꾸로 가는 건데, 처음엔 무서웠다."
"햄스터가 자기 집을 탈출했을 때, 나중엔 걱정스러웠다. 구석에 들어가면 꺼내지도 못하니까."
"욕조에 물이 넘칠 때, 엄마한테 들키면 혼나지만."
"언제 적?"
"그게 잘 생각 안나."

한 아이가 빙긋이 웃으며 말했다.

"좀 있다 말할게요."
"그래도 되지, 당연하고말고."

다른 아이가 뒤로 젖히고 있던 등을 바르게 펴고 자기 차례를 몹시 기다렸다는 듯 빠른 속도로 말했다.

"동생이 화분 깨부쉈을 때, 근데 내가 혼났다."
"말이 빨라서 잘 알아듣지 못했어, 천천히 다시 말해줄래?"
"동생이 사고 쳤을 때, 동생이 먼저였는데 엄마가 저보고 화냈어요. 제가 잘못 했다고…"

맞은편에 있던 다른 아이가 손을 들었다. 내가 뭔가 하고 눈길을 주기도 전에 조곤조곤 말을 보충했다.

"아, 동생이 먼저 사고 쳤는데 동생이 거짓말로 일러바쳐서 엄마가 동생보다 자기를 혼냈다는 거예요."

털어놓은 이야기가 자신의 것인지 친구의 것인지 어쨌든 속 얘기를 쏟아내서인가, 후련하고 자신만만하게 보였다. 이야기의 주제가 딴 데로 튀었지만 화젯거리는 풍성해졌다.

기억정보를 끄집어낼수록 거짓말 같은 일이 벌어진다. 지금 여기에서 있었던 일과 상관없는 또 하나의 동화세계다. 누군가에게는 주제에서 벗어나는 것 같아 갑갑하겠지만 누군가에게는 새로운 경험을 확장하는 즐거움이겠다.

뇌신경 회로는 경험의 양에 따라 질이 변화한다. 경험의 양이 많아질수록 골격은 골격대로 군더더기는 군더더기로 구별이 선명해진다. 군더더기가 제거되고 골격만 남은 기억이 영감의 자원이다. 시간과 공간에서 벌어진 상황적 맥락이 떨어져나가고 남은 엑기스다. 상황에 따라 자유자재로 편집이 가능한 흥미로운 영감이다.

뇌신경 회로가 질적인 변화를 일으키면 행동도 변화한다. 영화감독이 시간과 공간의 위치를 흔들어서 긴장을 고조시키고 재미를 생산하듯, 다른 사람의 심금을 울리는 지도력을 발휘한다. 적재적소에 알맞은 비유와 상징으로 상대의 마음을 사로잡는다. 유머와 가벼운 터치로 대중에 영향력을 끼친다.

언젠가 겪은 일은 장소를 떠올릴 때 쉽게 다가온다. 장소는 정지된 상태라 시간이 흘러도 변하지 않기 때문이다. 공간에 대한 감각이 집약되어서인지 작은 실마리 하나가 전체 맥락을 풀어내게 한다. 언제라도 끄집어내어 새롭게 구성하라고 기다리고 있었던 것처럼. 자잘한 맥락은 다 사라지고 앙상한 뼈대만 남아 있다면, 그 뼈대가 자신의 정체성이요 스토리텔링의 핵심이 될 것이다.

자신의 경험을 함께 나눈다는 것은 공감대의 확장이다. 공통의 경험을 가진 사람들은 언제라도 그 기억을 불러내서 새로운 경험을 창조할 수 있다. 재미와 상상이 세포배양기의 세포처럼 무한정 불어날 수 있다. 예측을 높이는 지식정보가 될 수 있다.

과거의 기억정보를 현재로 불러내어 미래의 예측을 높이는 지식으로 재생산하는 경험이다.

문학읽기는 글을 읽고 이해하는 과정이자 새로운 지식을 인식하는 경험이다. 지식의 인식은 감정이나 의지와 구별되는 의식적 행위로 인지활동이다. 인지의 본질이 대상이나 개념을 구별 짓는 판단이다. 그림책 저널치료가 정신과정에 있어서 감정과 의지에 관심을 두고 있지만 인지활동을 간과할 수는 없다. 모든 정신과정에서 감정과 의지에 인지가 포함되기 때문이다.

【인성을 되새기는 인지발달 】

판단은 여러 경로로 이뤄진다. 상식 수준에서 구별 짓기도 하고 교육과 훈련으로 복잡한 과정을 거친 인과관계로 구별 짓기도 한다. 뿐만 아니다. 다른 사람의 입장과 비교해서 구별 짓기도 한다.

하지만 단편적인 지식의 주입만으로 구별 짓기는 어렵다. 새로 흡수한 정보는 내면의 기억정보와 결합해서 비교해야 제대로 구별할 수 있다. 자신의 내면을 들여다 볼 줄 아는 마음의 힘이 인지발달의 힘으로 순환한다.

인지(認知)는 지식을 기반으로 분화와 융합을 반복하며 발달한다. 더 나은 삶을 추구하고자 하는 욕구가 그 기저다. 새로 유입한 지식은 기존의 내재된 지식에 다가와 충돌한다. 충돌로 인한 갈등극복의 결과가 새로운 지식의 창조다. 인지발달이란 이들 세 가지 지식이 상호작용하는 과정의 기술을 말한다. 기술이 세련될수록 시간과 지식의 양 대비 효율성을 꾀할 수 있다.

인지발달은 지식습득뿐 아니라 자아실현을 위한 본질이다. 종종 인지발달을 유아아동기에 국한하여 적용하는 경우가 있다. 유아아동기의 인지상태가 미숙하다고 보기 때문이다. 그래서 배움에 대한 관점에 따라 자발성을 강조하거나 인위적 조작의 강화학습을 강조하기도 한다. 물론, 배움을 시작하는 유아아동기의 인지구조에 깊은 관심을 기울이는 것은 당연하다. 유아아동기의 경우 생각 이상의 관심이 필요하기 때문이다. 하지만, 자기 주도적 학습을 통해 배움의 현장에서 오롯이 스스로 헤쳐 나가야 하는 청소년기는 인지발달에 있어서 엄청난 비약을 보여주는 시기이다. 뿐만 아니라, 현대사회는 연령과 상관없이 지식을 토대로 생산 활동을 한다. 즉, 누구나 평생에 걸쳐 인지활동을 거듭해야만 한다.

여기에서 인지발달심리학자 두 사람을 소개하려고 한다. 한 사람은 우리 귀에 익숙한 피아제(Piaget, Jean)이고 다른 한 사람은 낯설지도 모르는 비고츠키(Lev Semenovich Vygotsky)다. 이 그림책 저널치료의 질문을 만들 때 그들로부터 영향 받은 바가 커서 비교적 난해한 이론이지만 그냥 지나칠 수가 없다.

피아제는 인지발달심리학계에서 대표적인 인물이다. 그는 인간의 인지활동을 '동화(同化)'와 '조절'이라는 생물학적 용어로 설명했다. 동화와 조절로 일어난 평형화를 배움의 질적 변화로 간주했다. 흔히, 바깥의 대상을 내면의 주체가 알아차렸을 때 '인지'했다고 하는데, 이러한 '인지'가 바로 피아제의 '평형화'다. 그는 동화보다 조절이 질적으로 발달을 가져오기 때문에 친숙한 것보다 낯선 과제를 제시함으로써 배움이 더 잘 일어나게 한다고 주장했다. 또한 인지발달의 과정을 4단계로 구분하고, 그 순서가 어긋나지 않아야 함을 강조했다.

피아제의 인지발달 4단계를 살펴보면, 사물의 존재를 감각으로 알아차리는 감각기(0-2세), 언어의 상징체계로 구분 짓는 전조작기(2-7세), 개념과 개념을 연결하는 구체적 조작기(7-11세), 보이지 않는 사물을 추리하고 예측하는 추상적 조작기(11-15세 이상)로 구분된다. 예를 들어, '사과'라는 대상을 인지하는 방식을 단계별로 살펴보면 다음과 같다.

① 감각기 : 손으로 만지거나 눈에 들어온 감각이 자신이 아니라고 구별 짓는다.

② 전조작기 : 사고가 일어나지 않는 시기로 둥그스름한 존재의 항상성이 유지되어 1:1대응과 '사과'라는 상징어의 대응이 가능하다.

③ 구체적 조작기 : 사고가 활발하게 일어나는 시기로 사과를 다른 대상인 오렌지와 비교하여 구별 짓는다.

④ 형식적 조작기 : 눈에 보이지 않는 '사과'를 떠올리며 백설공주가 먹은 독이 묻는 사과를 추리하고 뉴턴의 만유인력을 예측한다. 고등사고의 폭발이 일어난다.

인지란 정보를 처리하는 시스템이며 언어발달과 긴밀하게 연결되어 있다. 언어는 감각지각으로 보고 들은 것의 상징적 기억이다. 풍부한 감각지각이 기억과 회상을 원활하게 촉진한다. 피아제의 경고가 아니더라도 관념화된 언어의 노출이 만연한 사회에서 너무 이른 시기의 어린이들이 감각적인 조작과 구체적인 사고보다 인위적이고 추상적인 사고에 길들여지는 것은 경계할 바다.

인지의 발달을 생물학적으로 바라본 피아제와 다르게 비고츠키는 사회역사적 맥락을 고려하였다. 그는 1896년 러시아에서 태어나 36살에 유명을 달리한 교육심리의학자다. 소련 정부에 의해 금서로 지정되었던 그의 저서 일부가 1985년 미국에서 James. V. Wertsch와 Luria, 그리고 Leont'ev에 의해 출판되면서[8)] 세상에 알려졌는데, 그는 인지지능의 수준을 두 가지로 구분해 사용했다. 바로, 현재적 수준과 잠재적 수준이 그것이다.

자기 혼자 과제를 수행한 문제해결이 현재적 수준이라면, 누군가의 도움에 의해 수행할 수 있는 상위한계가 잠재적 수준이다. 도움을 받아 과제를 성취해내면 두 수준 간의 간격이 가까워지고 현재적 수준이 확장되는 만큼 잠재적 영역이 넓어지는 역동이 일어난다. 그는 이러한 두 수준 간의 차이를 '근접발달영역(ZPD, Zone of Proximal Development)'이라고 정의했다. 또한 ZPD에 도달하는 것이 배움의 목표이며 누군가의 적절한 도움닫기과정을 거쳐서 현재적 능력과 잠재적 능력 모두를 계발시키는 원리로 보았다.

---

8) 「Vygotsky and the social formation of mind」 비고츠키, 마음의 사회적 형성. Wertsch.1985.

「관계의 교육학 비고츠키」 진보교육연구소 비고츠키교육학실천연구모임 지금. 살림터.2015.

「마음의 형성, 알렉산드르 루리야의 자서전」 교육과학사. 2015.

피아제의 평형화를 이루려는 동화와 조절의 매개는 자신의 인지적 갈등이다. 반면 비고츠키의 근접발달영역(ZPD)의 수행과제를 조절하는 것은 사회의 제도와 인간 상호 간의 언어활동이다.

피아제가 인지발달의 대부분을 인생 초기에 국한한 데 반해 비고츠키는 전 생애에 걸쳐 지속적으로 발달하는 과정으로 설명하고 있다. 피아제의 초기 저서들을 토대로 정립한 비고츠키의 이론은 운명적으로 빛을 다 발하지 못했지만, 고등정신기능의 기원과 발달 면에서 괄목할 만한 업적을 남겼다고 평가받는다.

평생교육의 시대 상황에서 비고츠키의 주장은 매우 주목할 만하다. 지금 시대는 인간 상호 간의 언어기술과 사회의 제도를 끊임없이 탐색해야 한다. 지식은 사회와 역사에 따라 달라지며 개인에 따라 매우 주관적이기 때문이다. 사회환경에서 해결해야 하는 과제로부터 획득한 책임전이가 바로 사회적 성장이다. 문제의 해결은 텍스트를 이해하고 해석하여 능동적으로 처리하는 인지과업이다.

오늘날 지식문화와 디지털 기술에서 텍스트와 상호작용이 삶의 과제다. 이러한 시대적 흐름에 참여하지 못하면 사회에서 낙오하고 만다. 정보처리양의 결핍은 경제적 빈곤만큼이나 삶의 질을 후퇴시킬 수 있다. 정보를 신속정확하게 처리할 수 있는 인지활동은 일자리를 얻기 위한 개인의 경쟁력이다. 나아가 사회공동체 의식에 능동적으로 참여하는 사회화이다.

그림책 저널치료는 세 가지 측면에서 비고츠키의 지지를 얻고자 한다.

첫째, 개별성을 최대한 존중받는다. 이미 가지고 있는 개인의 경험을 재구성하여 문제해결을 꾀함으로써 개개인의 잠재적 수준을 끌어올린다.

둘째, 어른과 아이가 서로 조력자이다. 지식 위주의 학습에서 경험 위주의 나눔 학습으로 전환함으로써 서로에게 배울 것을 찾게 된다.

셋째, 글쓰기를 정보처리과정의 완성으로 본다. 언어가 사고를 촉진한다는 입장에서 읽고 쓰고 듣고 말하기의 전 영역을 균형감 있게 다룬다.

따뜻한 12질문은 현재적 수준과 잠재적 수준을 조절하는 매개다. 각자가 가진 경험을 배경지식으로 삼아 현재의 실천적 사고를 재구성하고 도달할 목표를 설정한다. 이것이 피아제의 평형화이며 비고츠키의 도달 목표의 완성이다.

【자기스타일】

클라스 베르플랑케가 지은 《꿈의 화가, 르네 마그리트》[9]는 익숙한 사물의 이름을 비틀어서 생각해 보라고 독자를 자극한다. 현실에서 절대로 일어날 수 없는 일들을 머릿속에서 상상하게 유도한다.

벨기에 화가 마그리트는 파이프를 그려놓고 "이것은 파이프가 아니다."라

---

9) 클라스 베르플랑케 지음, 주니어RHK, 2016년 6월

고 써놓았다. '왜 그럴까?' 스스로 질문을 던지는 순간 오래된 고정관념과 낡은 관습에 얽매어 있음을 알아차리게 된다. 충격이다. 새로운 시선으로 바라보는 세상은 참으로 자유롭다.

화가가 문을 열면 꿈속이 곧 현실이다. 꿈속을 드나드는 환상 앞에서 아이들은 어리둥절해 한다. 현실 세계를 뛰어넘어 무질서와 혼돈스러운 세계를 경험한다. 이제껏 참이라고 판단한 논리와 가치기준을 해체시킨다. 더 창의적이고 해방된 공간에서 엉뚱한 질문놀이가 시작된다.

"잠에서 깨어나 맨 처음 보고 싶은 것은?"

블루베리를 좋아하는 지연이 엄마가 힘없이 소파에 몸을 파묻은 채 대답한다.

"침대"

어깨를 으쓱해 보이며 뒤이어 또 말한다.

"폭신한 이불"

몸을 일으키며 눈을 동그랗게 뜨고 혼잣말한다.

"폭신함이 피로를 풀어주는 느낌이 나네!"

바로 이때 딱 맞는 따뜻한 일곱 번째 질문이 필요하다.

"그랬던 적 있었나? 기억 속에서 그런 폭신함을 느꼈던 적 말이야?"

지연이 엄마가 고개를 절레절레 저으며 부정한다. 그러다가 대답을 요구하는 힘에 밀렸던지 내면으로 관심을 돌리는 것 같다. 그다지 확실하지 않음을 강조하며 말한다.

"그런 적이 생각은 안 나는데, 있긴 있었겠다."

그러면서 혼잣말 한다.

"이불을 빨아서 햇빛 냄새 맡을 때, 어, 좋아. 행복해. 지금 생각해 보니 피로가 진짜 풀리는 것 같다."

소파에 묻었던 몸이 똑바로 세워져 있다. 그리고 그늘에 가려있던 웃음기도 얼핏 빛을 내는 듯하다. 이때 어울리는 질문은, '그래서, 자신에 대해 새롭게 알아차린 것은?'이다.

따뜻한 여덟 번째 질문이다.

Q8. 지금 여기서 다시 보니 어때?

지연이 엄마가 언제 그리 풀이 죽어 있었냐 싶게 경쾌한 목소리로 말한다.

"친정엄마 병간호가 2주째라, 또 집에 고3과 재수생의 수능 시험이 내일 모레라 지쳐있었는데 풀린다."

어깨 기지개를 높이 켜며 부드럽게 말한다.

"지금, 행복하다."

누구나 지연이 엄마처럼 자기 안에 답을 갖고 있다. 주어진 상황은 해결해야 할 과제다. 자신의 책임이라는 것을 알아차림이 문제해결이다. 지연이 엄마의 머릿속에 쉬고 나면 나아질 것 같은 자신의 답이 애초에 있었을 것이다. 아주 간단한 질문 하나가 내면에 꽂혀 잔잔한 파문을 일으키며 스스로 문제를 해결해나가는 과정을 엿볼 수 있다. 지연이 엄마의 문제해결 의지에 따라 질문이 쫓아가고 있다. 누군가의 질문은 책임의 윤곽이 뚜렷하게 조절하게 도움닫기와 같다.

비고츠키가 말한 현재적 수준이 잠재적 수준에 이르게 하는 힘이 책임소재를 밝히는 것이었다. 질문은 익숙하던 현재적 수준에 혼돈을 야기시고 잠재적 수준에 도달하고자 하는 역동을 일으킨다. 혼돈의 상태에서 두리번거리던 갈등해소가 문제해결이다.

이러한 과정에서 핵심이 부모나 교사인 조력자의 예민한 포착이다. 배움의 효과를 얻기 위해서 대상자로 하여금 사회적으로 의미 있는 과제라야 한다. 자기탐구의 과제뿐 아니라 지식정보 전반에 걸친 학습에 적용된다.

키위를 좋아하는 기효의 마음에 닿은 장면은 구름 사이로 매달린 하얀 도화지였다. 왜냐하면 도화지에 누군가 듣고 싶어 하는 말을 써줘야 할 것 같았단다. 아빠 생일카드에 진짜 하고 싶은 말을 못 썼단다. 지금 보니까 부끄럽다고 한다. 형식적으로 썼다는 말일까? 진실함은 따로 있는 표정이다. 자신들의 이야기를 겁나 떠들고 나서, 자신에 대해서 새롭게 알게 된 것이 있는지 물었을 때는 다시 조용해졌다.

망고를 좋아하는 현기는 책 속에서 르네가 빈 캔버스 앞에 우두커니 앉아 있는 것처럼 단잠에 빠진다. 넘치는 재치와 독창적인 사고에 압도되어 깜짝 깜짝 놀라던 모습과 정반대다. 르네처럼 말을 하지 않는다. 생각은 있지만 무슨 말을 해야 할지 모르기 때문이다. 현기가 눈을 굴리고 볼 풍선을 불다가 혼자 말을 연습했는지, 마침내 입술을 움직이며 소리를 발화한다. 그러나 아까 누나들과 이야기 나누던 성숙한 단어는 찾아볼 수 없다. 일시적인 경험의 말이 입에 달라붙기까지는 시간이 필요하다. 입술을 닫고 눈동자를 굴린 데는 이유가 있었다. 누나들이 사용하는 말은 도움닫기의 발판이었다. 한 단계 높은 수준의 자극에 대한 모호함이 줄어들고 자신의 말에 대한 책임이 점차 커지게 하는 조절적 기능이 바로 인지발달의 핵심이다.

'아하! 그것이었구나.'

이미 알고 있었기 때문에 누군가 조금만 부추겨주면 해낼 수 있었던 것이다.

'맞아, 아까도 알고 있었어. 누나들 때문에 이제야 알아차렸어. 딴 얘기 할게요.'

‖ 초록사과가 인상에 남는다.

뒤에 뭐가 있을까 술래잡기처럼 스릴 있었다.
내가 나를 새롭게 알게 된 것이라면,
도둑인데도 자기 친구들이니까, 안 잡히라고 빈 것 인데, 감정을 말해야 되나요? 그건 기분 좋은 느낌이다. 그런 적 있긴 한데 기억이 안나요. 1년 전, 하하. 술래잡기를 했는데 사촌들이랑 동생이랑 제가 잡혔는데 위치를 안 알려줬었다.
(아까 들었던 질문의 의미를 상기했던지, 현기가 머리를 긁적이며 말을 말하던 방향을 추상에서 구체로 틀었다. 자신의 인지가 알아서 작동하는 듯, 싱긋 웃으며.)

딴 이야기할게요.
우리 반 전체가 마리오라는 게임을 했었다. 일종의 술래잡기다. 쿠파팀이랑 마리리오팀이 있다. 쿠파 애들은 일단 똑 같은데 그림이 다르다. 게임 시작할 때 버섯돌이 같은데 있다. 첩보원이 준장이라고 오징어같이 생긴애가 있다. 대장 테파랑 왕이 쿠파인데. 마리오의 첩보원은 버섯돌이(갈색 말고 빨간색 섞인) 지레가 하늘을 나는 파란 거북이다.(쿠파랑 똑 같이) 준장 대장이랑 잡히면 끝난다. 상대팀 왕을 잡으면 끝나는 거다.

제가 잡혔는데, 상대팀의 왕을 알게 되었다. 이제 첩보원이니까 알려줘 한다. 상대팀의 왕이 저의 친한 친구라 가만히 있었다. 안 알려줬다. 지금 생각해 보니, 후회된다. 애들이 끝나고서 안 알려 줬다고 욕했다. 나도 첩보원이었는데 까먹었다고 거짓말했다. 울 뻔 했다. 막상 팀들한테 욕을 들으니 안 좋았다.

울음이 터질 만큼 기분이 나빴는지 알겠다. 그 때 그런 줄 몰랐다. 지금 얘기하다 보니 알겠다. 아하! 그랬었구나, 하는 느낌이다. 그렇게 하면 안 되겠다. 친한 친구라도 게임의 룰_규칙은 지켜야겠구나, 하고. 생각이 커진 걸 알았다. ‖
〈10세 남〉

또래들은 자신이 겪은 일을 쏟아내느라 혼이 다 빠진 듯하다. 관찰자의 눈초리로 책의 장면에 주의를 기울이다 자신도 모르게 그 배경에 직접 들어가기라도 한 듯, 책 속의 주인공이 누구였는지, 어떤 일이 벌어졌었는지, 사건을 해결하려다 벌어진 더 큰 일은 무엇이었는지, 막힌 일이 어떻게 해결되었는지 등을 까맣게 잊은 것 같다. 그림책의 장면은 그저 자신의 경험을 떠올리기 좋게 한 실마리로 받아들이는 것 같다. 그림책의 장면이 좋은 소재가 되자 또래들의 스토리가 더 흥미진진하다. 책의 주제와 터무니없이 멀어진 경우도 있지만, 현실에서 삶의 주인공이 자신이라는 점을 발견한 것 이상의 가치는 없다.

아홉 번째 만남이다. 아이들이 엉뚱하고 생뚱한 질문을 던지기 시작했다.

"이거 뭐하는 거예요?"

"그거 진짜에요?"

"물감을 먹으면 어떻게 되요?"
"틀려도 맞아요?"

자기들끼리 비정상이라고 까르르 웃는다. 애초에 어리석어 보인다고 차단되었을 것 같은 질문 수준이다. 이제까지의 질문과 전혀 새로운 질문이라는 것을 알아차린 것 같다.

한 가지 신기한 일을 발견했다. 아이들의 표정이 밝아지고 걸음걸이가 가벼워지면서 엄마들의 반응도 따라서 밝아졌다. 출입문에서 조심스럽게 아이들을 기다리거나 기웃거리던 모습은 온데간데없이 사라졌다. 묻거나 고민할 필요 없이 아이들의 활동에 자연스럽게 참여했다. 사람들이 스스럼없이 무리에 끼어드는 것은 자연스런 현상이다. 누구나 무리에 끼고 싶어 한다. 혼자보다 어떤 무리에 끼면 훨씬 안도감이 따르고, 뭔가 실수를 해도 괜찮을 것 같은 안도감을 준다. 다만 이런저런 이유와 조건과 제약들로 거리를 두는 것이다.

어른과 아이들이 서로를 의식하지 않고 하나의 과제를 훌륭하게 수행하는 과정이 묘하게 즐거움을 자아냈다. 무리와 딴생각을 가지지 않았다는 건데, 이것이 서로에 대한 의심을 제거했다는 것일까? '네가 그만큼 하면 내가 이만큼 해줄게'하는 실랑이가 사라진 것 같다. 어쩌면 서로의 가치관이라고 하는 기대를 인정한 것이 아닌가 싶었다. 서로 다름을 어떻게 이해하고 받아들여야 하는지를 알게 되었을까? 누가? 어른도 아이도 마찬가지였다고 생각한다. 한 권의 그림책을 따로 다 같이 갖고 놀면서 공동체의식에 빠져든 것이리라. 쉽고 재미있고 의미가 깊어지는 체험이 그렇게 이끌었음이 분명하다. 그림책과 따뜻한 질문들은 서로들에게 친밀감을 일으키는 딱풀이 아닌가 싶었다.

【생각은 어디에 있을까?】

'교육이라는 인상을 주지 않는 자연스러운 교육'

언젠가 책에서 읽었던 고대 철학자 아리스토텔레스의 말이다. 느낌을 통하여 지각을 자극하고 지적 탐구로부터 얻어진 이성을 다시 감성을 통해 확인하고자 한다는 설명이었다.

교육은 반항심을 일으키는 교훈이 아닌 위로와 지지로, 사람에 대한 관심과 배려에서 비롯된다. 가르침은 말이 아니라 실천이다. 실천으로 보여주는 것이다. 실천은 자기 자신을 조절하는 데 주의를 바짝 기울일 때 가능하다. 자잘한 실수나 큰 어려움은 대체로 주의를 기울이지 않아서 생긴다. 실수나 어려움을 피하라고 말하기는 쉽다. 그러나 직접 실천함으로써 보여주려면 주의를 기울여야만 한다. 자신의 내부를 조절해야 하므로 앎과 달리 주의력을 대량 생산한다. 온 신경을 다 기울이는 것이 몰입이다. 몰입은 자기 자신에 대한 강한 신뢰이며, 자신의 자각을 통해 세상의 이치를 배워나가도록 작동한다. 아주 능동적으로!

흔히 어린 아이들이 놀이에 빠져있을 때 몰입한 모습을 볼 수 있다. 놀이에 빠진 아이들은 항상 생각에 가득 차 있다. 옆에서 누군가 방해해도 거의 무신경하다. 놀이의 대상과 자신에 대한 믿음이 강하게 연결되어 있어서다. 결국 자발적인 내부의 동기가 주의력을 조절하며 자신과 놀이의 대상을 일체화시키는 것이다.

교육을 대개 말로 설명하는 것으로 이해한다. 엄밀하게 교육은 몸으로 보여주는 것이다. 모르는 것을 가르쳐주거나 실수를 바로잡아주는 것으로 이해하면 힘의 지배논리에 빠지기 쉽다. 예를 들어, 실수를 저지른 아이를 야단치는 엄마의 말을 들어보면, “생각이 있니 없니?”, “생각을 어디 두고 있니?”, “생각을 했어, 안했어?” 하는 식이다. 주의를 기울이지 않았음을 꾸짖는 말이지만, 그렇게 한다고 더 주의를 기울일 것 같지가 않다. 어쩌면 생각을 더 깊이 해 보라는 애정 어린 강요 같기도 하다.

생각은 두 가지 경로로 온다. 하나는 스스로 사고하고 판단하며 얻은 몰입을 통해서이고, 다른 하나는 누군가가 사유한 결과를 그대로 주입받는 것이다. 몰입을 통한 생각은 지속적으로 변하고 성장한다. 반면 주입으로 얻은 생각은 잘 변하지 않고 굳어진다. 사회통념이나 예절들을 잘 따져보지 않고 그대로 따르는 경향을 보면 쉽게 알 수 있다.

또래들의 생각이 자꾸만 어디론가 달아나게 하는 절반의 책임은 부모에게 있다. 거침없이 모방학습이 일어나는 인생 초기에 가장 결정적 선생님은 누구겠는가? 또래들이 자신의 감각과 감정을 어떻게 인식하고 행동할지를 어떻게 배웠겠는가? 그것은 부모가 보이는 반복된 행동과 분위기가 또래의 행동규범으로 자리 잡은 것이다. 나머지 절반의 책임은 자신이 세상과 직접 부닥치며 실패한 좌절이다. 기껏 쌓은 블록이 쏟아져 버릴 때 곰곰이 생각해 보고, 다시 해 보고, 또 다시 해 보는 과정에서 얻은 부산물과 드디어 완성해낸 성취감이 몰입의 즐거움을 낳는다.

실패할 여지가 많을수록 자기생각이 쑥쑥 자란다. 아마도 비고츠키라면 즐겁게 극복할만한 비계(祕計) 안에 있어야 한다고 강조할 것이다. 부모와의 안정적 관계가 세상과 자신에 대한 신뢰를 가져온다. 세상에 대한 신뢰로부터 어떤 변화를 만들 수 있다는 기대와 호기심이 시작된다. 자신에 대한 신뢰로부터 목표를 향해 지치지 않고 끝까지 몰입한다. 기대는 땅을 딛는 발판이요, 호기심은 하늘을 나는 날개다.

학습심리학에서 말하는 메타인지학습의 원리가 바로 자기조절을 통해 양쪽에 주의를 기울이는 것이다. 한쪽에 치우치지 않는 균형유지다. 나와 타인, 앎과 실천, 몰입과 호기심 등. 감수성 예민한 인생 초기뿐 아니라 평생에 걸쳐 배움을 지속하는 한 메타인지의 활성으로 자기조절이 필요하다.

자기조절이란 이성과 감성, 내부의 믿음과 외부의 간섭, 좌절과 성취, 누군가 사유해 놓은 지식과 스스로 터득한 사색이 균형을 이루게 하는 것이다. 균형을 유지하려는 내적 노력이 메타인지의 활성이며 초인지라고도 하는 주의집중력이다.

주의집중력은 배움의 의지이되, 배움의 강약을 스스로 조절한다. 자발적인 내부의 동기라야 외부의 강한 자극을 물리칠 수 있다. 외부에서 다가오는 자극을 억누름이나 과장 없이 있는 그대로 지각하고 조절할 수 있다. 그것은 아주 단순한 질서이며 자유의 원천이다. 생각의 소재가 몸과 마음 어디인지 알 수 없으나 몸과 마음의 일체감 속에서 최적화가 일어나는 것만은 사실이다. 이것이 아리스토텔레스가 말한 '교육이라는 인상을 주지 않는 자연스러운 교육' 의 실현이라고 생각한다.

【성숙한 자기조절의 메타인지】

떼쓰는 아이를 보면 원하는 것을 얻을 때까지 대개 같은 반응을 보인다. 뇌의 신경네트워크가 자신의 감각에 충실하고 충동에 반응하는 것이 옳다고 각

인된 듯하다. 감각과 감정을 알아차리고 적절하게 조절하는 능력의 미숙이다.

감각과 감정은 우리의 생명유지와 관련이 깊다. 뇌의 구조물 중에서 감정에 관여하는 편도체(amygdala)의 활성은 즉각적이고 강력하다. 자신의 감정을 관찰할 시간도 없이 반응이 먼저 일어난다. 그 감정을 적절하게 인정받지 못하면 활성이 과잉되어 떼를 쓰는 것이다. 어린 아이들은 자기조절이 미숙한 상태에 있기 때문에 부모나 주변의 사람들이 잘 인식하고 받아주고 상호작용하면서 조절하는 힘을 키울 수 있도록 배려해 주어야 한다.

어린 아이들은 언어를 배우면서 조절하는 능력을 키운다. 자신의 느낌이나 감정을 알아차리고 언어로 표현하기 위해서 주의를 기울인다. 그리고 알맞은 단어를 탐색함으로써 말과 글로 표현한다. 이것이 자기조절력인데, 반응과 행동 사이에서 주의와 탐색을 경험하며 균형을 이루어가는 조절을 통해 자기존중감이 결정된다. 사실 언어는 동물적인 욕구반응을 지연시키는 도구라 해도 과언이 아니다.

자신이 얻고자 하는 욕구나 바람을 스스로 정확하게 알아차리도록 묻고 탐색시키는 것이 학습이다. 감정과 충동에 휩싸여 '앙'하는 울음으로 대변한 후에서야 주의를 전환하고 반응을 살피는 것은 이미 늦다. 있는 그대로 인식하는 데 실패하여 자신의 감정과 욕망을 왜곡하기 때문이다.

떼쓰는 아이에게 참으라거나 나무라는 것은 옳지 않다. 이런 저런 조건으로 달래는 것은 더욱 옳지 않다. 말을 할 줄 아는 아이들에게는 더욱 부적절하다. 어떤 감정인지 무슨 욕구인지를 스스로 알아차리도록 즉각 물어보는 게 훨씬 좋다. 느낌으로 다가오는 감정을 말로 정확하게 설명하기 어렵기 때문에 행동으로 표현한 것뿐이다.

어떻게 느끼고 있는지 세심한 배려를 건너뛰고 판단이 앞서면 감정이 무딘 사람이 되고 만다. 자기조절력을 갖추지 못하면 모든 주의가 외부 자극에 노출되어 산만해지고 만다. 아이나 어른이나 마찬가지다. 주의가 분산되면, 주의집중력을 떨어뜨린다. 자신의 내부에 집중 못함으로서 기존에 알고 있던 정보와 연결 짓는데 실패하기 때문에 몰입하지 못한다. 생각 없이 하던 대로 대충 하고 이것저것 참견한다.

눈치 빠르게 감각적으로 반응하여 영리하게 보일 수는 있다. 그러나 그것이 DSM-5[10)]에서 ADHD[11)]라고 진단하는 주의력결핍과 과잉행동의 특성이 아닐지 주의 깊게 살펴보아야 한다.

숙제를 하다가 딴 데 신경 쓰며 시간을 끄는 것은 자기조절력의 미숙이다. 마음속의 걱정거리를 생각하다 실수를 저지르는 것도 그렇다. 자기조절력의 미숙은 주의력에만 또는 집중력에만 치우치는 것을 말한다.

사람의 주의력은 한정되어 있어서 강한 자극에 집중하다 보면 결정적인 일을 제대로 수행하지 못하고 산만해지고 만다. 사태를 빠르고 정확하게 인식하는 예리한 주의력은 뚜렷한 목적이 있을 때 내부로도 외부로도 힘을 분산

---

10) DSM(diagnostic and statistical manual of mental disorders)은 미국 정신의학회(American Psychiatric Association, APA)에서 공식적으로 사용하는 정신장애 진단분류 체계로, 국제질병분류(International Classification Disease, 이하 ICD)와 함께 전 세계적으로 가장 널리 사용되고 있는 정신장애 진단분류 체계 중 하나이다. 2013년에는 다섯 번째로 개정된 DSM-5가 출간되었다.

11) ADHD(Attention Deficit / Hyperactivity Disorder), 일명 '주의력결핍 과잉행동장애'는 주의산만, 과잉행동, 충동성을 주증상으로 보이는 정신질환이며 대개 초기 아동기에 발병하여 만성적인 경과를 보인다.

시킨다. 의사가 예리한 수술에 주의를 기울이면서도 주변 자극에 가볍게 반응하는 것을 보면 쉽게 알아차릴 수 있다. 집중력은 외부의 자극에 끌리는 주의를 내부로 끌어당기는 힘이다.

자기조절은 외부의 감각을 내부의 감정으로 적절하게 조절하는 것이다. 자기조절의 성숙은 더 큰 만족을 위해 현재의 만족을 지연시키는 전략이다. 일시적으로 주변 자극에 반응하더라도 목표하던 과제로 되돌아올 수 있는 힘이다. 하나의 목표에 집중하되 주변을 인식하며 전체를 볼 수 있는 조망능력이다. 자신이 무엇을 알고 있고 모르고 있는지를 객관적으로 바라보는 태도다. 흔히 주의집중력이 뛰어나다고 말한다.

그림책 작가 최숙희의 《내가 정말?》[12] 세상의 모든 엄마를 위로하기 위한 책 같다. 아이들에게 읽어주다가 소리를 낮추고 가만히 그림만 읽고 있는 나 자신을 발견한다. 먹먹한 기분으로 '내가 그랬었구나!' 하며 자기고백에 빠지게 하는 책이다.

아이가 예쁜 짓을 할 때는 다 컸다고 추어주고, 당돌하게 자기주장을 할 때는 덜 컸다고 꾸짖는 엄마! 거침없이 당당하게 돌진하다 꾸지람을 듣고 어리둥절한 아이! 두 사람은 깜빡 잠든 꿈속에서 자신의 욕구를 조금씩 지연시킨다. 아이는 엄마의 눈치를 살피고 방긋 웃고, 엄마는 아이의 눈치를 살피며 자신을 돌아본다. 숨바꼭질하는 마음속 술래는 자기 자신이었음을 확인한다. 그림책을 같이 보고나서 아이는 <아이스크림 술래>라고 글을 짓고, 엄마는 <너는 누구냐?>라는 글을 지었다. 두 사람은 모든 면에서 차이가 크다. 자신

12) 최숙희 글, 그림, 웅진주니어, 2011년 12월

의 욕구반응을 지연시켜 자기조절능력을 키우는 데 글쓰기가 탁월하다는 사실을 확인시켜 준다.

글을 잘 짓는 방법은 따로 없다. 지금껏 해오던 방식대로 책을 보고 이야기를 나눈 그대로 적으면 된다. 글의 형식이 있는 것도 아니다. 자신의 느낌과 생각과 경험을 순서대로 적어나가면 한 편의 글이 완성될 것이다. 그러나 주의력을 분산시키지 않고 단숨에 집중해서 완성시키고 싶다면 제목을 미리 짓는 게 좋다.

따뜻한 아홉 번째 질문이다.

Q9. 자기 이야기에 이름을 지어볼래?

〈아이스크림 술래〉

딸기 아이스크림을 먹고 있었는데 더 먹고 싶었다. 엄마가 그만 먹으라고 혼냈다. 그래서 엄마 몰래 지갑을 들고 아이스크림을 사왔다. 벽장 안에서 먹고 있었는데 작은 구멍이 보였다. 그 구멍 속으로 엄마의 빨간 입술이 더 빨개 보였다. 깜짝 놀라 기침을 하다가 두 눈을 꼭 감았다. 벽에 온 천지가 딸기 아이스크림이었다.

때는 이때다 하고 숟가락으로 마구 떠먹었다. 5분인가 지났는데 배탈이 났는지 배가 간질간질했다. 이런 하고 눈 떠보니 아이스크림은 없고 엄마가 나를 끌어안고 배를 쓸어주고 있었다. 〈11세 남〉

〈너는 누구냐?〉

하나뿐인 아들을 훌륭하게 키우고 싶은 엄마가 있었다. 엄마는 아들에게 좋은 경험을 시켜주려고 노력했다. 그런데 시키는 것이 많아지자, 약속한 시간에 딱딱 맞춰 이동시키기 위해 아이와 실랑이하는데 지치고 말았다.

"너는 왜 엄마 말을 안 듣니? 학습지선생님한테는 꼼짝도 못하면서."

우선 짜증이 난 엄마는 열 살 아들에게 꾸짖었다. 자신이 무섭지 않아서 아들이 말을 듣지 않는다고 생각하고 있었다. 그럼에도 혼나지 않아야 하므로 딴 짓을 못할 테니 자세가 바르고 머리 만큼은 집중할거라 안도하고 있었다.

그런데 요즘 하늘이 무너질 것 같이 절망스럽다. 스케줄이 있는 날인데도 아이가 친구를 집에 데려올 때면 불만스러워도 어쩔 수가 없다. 친구관계가 좋지 않으니 게임을 하게 허락할 수밖에 없다. 학원시간을 바꿔야 하는 짜증이 외톨이라는 낙인보다 앞섰다. 자꾸만 이랬다저랬다 염치없는 엄마로 비쳐지는 게 두렵다. 아침에 약속을 했으니까, 알 텐데. 원하는 것을 다 해 주는데 아이가 밉다. 너무나 속상하고 눈물이 왈칵 쏟아지려고 한다.

눈을 꼭 감았다가 뜨면서 아들을 쳐다보았다. 소문난 교육 프로그램에서 배운 대로 아들을 꼭 안아보고 싶었다. 그러나 아들이 다음에도 이런 기회를 이용할까 봐 좀처럼 마음이 내키지 않았다. 엄마는 다시 한 번 눈을 꼭 감았다 뜨면서 아들을 잡아당겼다. 처음엔 순순히 안기었지만, 자꾸 몸을 비집더니 거세게 튕겨 나가버렸다. 순간 속으로 크게 당황했다. 스스로 인식하고 선택한 용기였는데, 그 용기가 몸에 배어 있지 않아서인가. 그나마 사려 깊은 선택이었던지 그것도 포옹이라고 아이의 기세가 잔잔해지기 시작했다.

"학원마치고 게임시간 세배 늘려주는 거 맞지?"

겨우 아이를 달랜 엄마가 학원이 즐비한 건물에 도착했다. 부리나케 수업에 들어갔던 아이가 다시 나와서 준비물을 달라고 보챘다.

"선생님, 책이 없어서 미안해요."

엄마는 화장실에 다녀오겠다는 아들의 뒤통수를 쳐다보았다. 아들은 엄마가 사과하는 것이 마음에 들었던 모양이다. 그러고 보니 학원교육비 빠져나가는 날이 바로 이날이었다. 한번 빠지면 보충시간 잡기도 힘든데 머리가 덜 아팠다. 대기실에서 커피를 한 잔 뽑아 마음을 진정시키고 있었다.

아까 전에 아이에게 친구랑 놀고 싶었니? 하고 물었으면 어떻게 되었을까? 아이의 마음을 알아주는 것이 너무 힘들다. 쉬운 건데 어렵다. 하나뿐인 아들을 놀리면서 키우고 싶었다. 그런데 최고가 되기를 바라는 남편과 살다보니 자신도 모르는 사이에 특권의식이 베인 것 같다. 그래도 인성이 좋아야 하니까, 어렸을 때 예체능을 떼고 고학년에 올라가서 공부만 집중하면 되니까, 경제적이고 효율적이라는 생각을 하고 있었다.

그 때, 아이가 찾아와서 그림 한 장을 내밀었다. 거칠고 파괴적인 느낌이 다가와 신경이 예민해졌다. 검정과 빨강이 형태 없이 날카로운데, 동물 스티커가 겹쳐있었다. 순간적으로 말이 안 되는 논리로 박박 우길 모습이 연상되었다. 그러나 신경을 한층 누그러뜨린 소리로 엄마가 물었다.

"그런데 저 색칠 위에 웃고 있는 하마는 뭐니?"

"응, 저건 똥이야. 내 등에다 새똥을 묻혀놓은 것이지."

엄마가 아이에게 다시 물었다.

"그럼, 하마가 너를 놀린단 말이니?"

아들이 입을 모아 쫑알거렸다.

"엄마 때문이잖아. 봐봐. 새똥이 하마입보다 크지. 엄마가 게임 시켜줘야 하는데, 혼내니까 친구들이 놀리는 거야."

엄마는 더 이상 참을 수가 없었다. 정수리에서 기다리던 인내가 발바닥까지 다 내려가 버렸다. 최대한 목소리를 낮추면서 아이를 다그치기 시작했다.

"나는 네 말을 이해를 못하겠어, 조리 있게 말 좀 해 봐. 상황이 안 그려지잖아, 엄마한테 좋은 말 들을 수가 없어, 가버려. 엄마 머리가 너무 아파, 알아들을 수도 없고."

아이가 발을 동동 구르며 소리를 꽥 질렀다.

"생각이 있는 엄마야 없는 엄마야?"

"신경 쓸 거 없어, 너만 생각해. 네 관리 좀 해."

"바보! 아빠도 게임대장이면서."

대기실에 홀로 남은 엄마는 몹시 충격적이었다. 한쪽 눈으로 째려보던 아이의 눈초리가 가슴을 후벼 파는 아픔을 느꼈다. 화목한 가정을 만들겠다고 별렀던 계획이 뿌리째 흔들리는 것 같았다. 아빠도 엄마도 아이에게 많이 도움이 안 되었다고 생각하니 소름이 돋았다.

게임을 통제할 때 사용하는 독한 말들이 아이에게 상처가 되었을까. 처음엔 시간을 정해서 하다 안 지켜서 윽박지르고. 나중에는 숙제 다 한 후엔 아이패드를 자유롭게 할 수 있도록 조건을 붙였다. 예전에 1시간 걸리던 숙제를 요즘 10분이면 다한다. 그러니 전문게임플레이어라는 꿈을 이루기 전에 게임중독자가 될 것 같다. 그리고 책읽기라든가 다른 것을 안 하게 될까 두렵다.

그런데 아빠를 시기질투하며 경쟁하는 줄은 꿈에도 생각 못했다. 글을 읽기도 싫어하지만 운필력도 없이 쓰는 행위 자체를 귀찮아하는 것만 신경써왔다. 아이가 관심 있어 하는 일에 몰입해 보여서 집중력이 좋은 걸로 알고 있다. 그래서 학년 올라가면 나아질 거라 기대하고 있었다. 양보도 없고 냉정하지만 머리가 영리하니까.

복잡하던 머릿속이 환하게 비치더니, 갑자기 작동을 멈춰야 한다는 소리가 들리는 듯했다. 아이의 심정을 조금 알게 되었으니 다행이다. 무엇보다 아이와 아빠의 관계가 솔직해지면 좋겠다. 아무리 자기논리가 강한 사람이라도 자식의 장래인데, 뭐. 은연중에 남편의 거만함을 꺼려하며 무서워해왔었다는 것을 알아차렸다. 아이가 후벼 판 생채기에서 비밀스런 고백이 튀어나와 피식 웃는다. 아이의 경쟁 상대가 바로 자신의 앙갚음 대상이었다.

부끄러움을 느낀 엄마는 아주 당돌한 아들을 문 밖에서 기다리고 있었다. 얼마 후 엄마는 작지만 순수하게 생긴 아이의 조막손을 낚아챘다. 그러고 자신의 두 볼에 가져다 비볐다.

〈42세 여〉

10. 말로 할래, 글로 쓸래?

열 번째 따뜻한 질문이다.

Q10. 말로 할래, 글로 쓸래?

글 솜씨는 생각의 깊이와 감정의 다양성에서 비롯한다. 아이들의 글 솜씨가 풍성해졌다. 제법 플롯이 엮어지고 있다. 가랑비에 옷 젖듯 낙서처럼 끼적인 글들이 하나의 묶음이 되었다. 열 번의 활동을 이어오는 동안 수업의 패턴은 똑같았다. 능동적이고 적극적인 아이들의 반응은 단순한 패턴에서 기인한 것으로 보인다. 60분의 시간을 자유자재로 운용하는 주인의식이 몸에 배인 것 같다. 자신들이 나눈 이야기를 꼭 글로 정리하고 싶어 한다. 언제 글쓰기를 두려워했었나 싶다. 처음에는 그림책의 본문을 베끼고, 썼던 글을 계속 지우고, 손으로 쓴 글을 감추고, 시간도 오래 걸렸다. 그랬던 모습들을 지금과 비교하면 하늘과 땅만큼 차이가 느껴진다.

그림책 《프레드릭》[13]은 평화가 얼마나 아름다운지 보여주는 이야기다. 프레드릭은 수줍음 많은 들쥐다. 자기주장이 뚜렷하다. 자신이 하고 싶은 일이나 할 수 있는 일에 최선을 다한다. 다른 쥐들은 따뜻한 집과 배부른 음식을 마련하기 위해 열심히 일한다. 혼자 딴 짓 하는 프레드릭에게 다른 들쥐들이 묻는다.

"프레드릭, 넌 왜 일을 안 하니?"
"나도 일하고 있어. 난 춥고 어두운 겨울날들을 위해 햇살을 모으는 중이야."

다른 쥐들도 프레드릭을 미워하지 않고 기다려준다. 풀밭을 내려다보는 프레드릭에게 다른 들쥐들은 또 다시 묻는다.

"프레드릭, 지금은 뭐해?"
"색깔을 모으고 있어. 겨울엔 온통 잿빛이잖아."

그리고 추운 겨울 프레드릭이 다른 쥐들에게 말한다.

"눈을 감아봐. 내가 너희들에게 햇살을 보내 줄게. 찬란한 금빛 햇살이 느껴지지 않니?"

당신이 기쁘면 나도 기쁘다. 당신이 슬프면 나도 슬프다. 남의 슬픔을 위로하고 남의 기쁨을 기뻐하는 마음이 평화다. 자신의 일에 최선을 다한 마음은

13) 레오 리오니 지음, 최순희 옮김, 시공주니어, 2017년 1월

단순하다. 상상만으로 아주 쉽게 자신의 생각과 감정을 만난다.

그 생각과 감정을 글로 표현하는 데 논리를 사용한다. 생각과 감정이 재미있으면 재미있는 글이 나온다. 논리가 정연하게 짜이면 간결하고 명료한 글이 나온다. 자유롭게 노는 것처럼 있던 대로 쓰면 자유글이다. 근사하게 보이려고 의식하는 순간 글은 엉성해진다. 글을 쓰기 위해 재능을 타고나는 것이 아니며 기술이 훌륭하다고 잘 쓰는 것은 더욱 아니다. 좋은 생각을 하고 평화로운 마음을 가지면 글 속에 자신만의 생각과 감정이 배어난다.

【생각의 주인】

글쓰기의 시작은 낙서와 끼적거리기다. 자신이 무슨 생각을 하는지, 무엇을 좋아하는지, 무엇이 되고 싶은지, 글을 쓰면서 알아나간다. 종이에 끼적거리는 건 꿈이요, 마음자세를 그리는 그림이다. 정해진 '틀' 없이 자신이 무엇을 쓰고 싶은지를 쓴다. 왜 쓰고 싶은지 쓰면 무엇이 좋아지는지도 기록한다. 편안하게 부담 없이 쓰다가 자신의 의견을 발견하기도 한다. '틀' 없는 환경에서 자유로운 의견이 발현되는 것은 당연한 일이다. 이미 가지고 있던 생각을 바탕으로 새로운 생각을 지어낸 셈이다. 글쓰기가 창의적인 사고를 유발한다.

토씨 하나 빠트리지 않고 필기하는 방식이 아니다. 공정성 시비를 줄이기 위해 제한된 틀에 짜 맞추는 평가용 글쓰기는 더욱 아니다. 학교 시험이나 승진에서 필요로 하는 글쓰기라면 매우 부담스러울 것이다. 모범답안 같은 글들을 보고 두려워할 필요가 없다. 몇 날, 몇 달, 아니면 몇 년을 갈고 닦았겠구나 고개를 끄덕거리면 그만이다.

책으로 나온 글도 이미 많은데 왜 글을 써야 할까? 이유는 의외로 간단하다. 시간이 지나면 사라지는 생각을 붙잡아 두는 것이다. 생각이 날아가지 않게 잉크로 새겨놓는 것이다. 자신이 언제 무슨 생각을 갖고 있었는지, 새로 알게 된 것은 무엇인지, 생각이 얼마나 더 자랐는지 알 수 있다. 자신의 생각 나무가 쑥쑥 자라나는 걸 제 눈으로 관찰하는 건 매우 흥미진진한 일이다.

- 표현이 얼마나 자랐나?
- 논리가 얼마나 탄탄해졌나?
- 시간이 얼마나 걸렸나?
- 글의 주인은 누구인가?

이렇게 질문하며 관찰해 보면, 갑자기 글쓰기가 즐겁게 느껴질 것이다. 글쓰기는 자신의 생각을 온전하게 표현하는 방식이다. 자신의 생각을 설득력 있게 정리하는 습관이다. 새로운 아이디어를 채굴하는 노동이다. 다른 사람의 의견에 귀를 기울이게 하는 자세다.

글쓰기로 접근하는 의사소통은 불필요한 갈등을 줄인다. 대부분의 형식적인 업무가 그렇다. 자신과 다른 의견이라도 세심한 배려와 존중을 아끼지 않는다. 글은 글 쓴 사람의 인격이기 때문이다. 이렇듯 생각이 정리된 의견은 존중의 대상이다.

글쓰기를 일상의 의사소통에 사용해 보자. 가족끼리 느낌과 감정의 메모를 넌지시 건네 보자. 어쩌면 서로의 마음을 알아내고 태도를 조정하게 될지 모른다. 친구끼리 동료끼리 깊이 있게 소통할 수 있다. 하지만 간단하지가 않다. 글을 쓰는 것보다 글쓰기에 대한 마음가짐과 태도가 문제다.

글은 바르고 진지한 자세로 정확하게 잘 써야 한다는 공고한 신념이 문제다. '자기표현'의 방식으로 대해 보자. 애초부터 가볍게 여겼으면 좋았겠지만 아니어도 새로 시도해 보는 것이다. 딴청부리는 것처럼 보여도 글을 쓰는 자체가 자기전략을 키워나갈 것이다.

우스꽝스러워도 몇 번 시도해 보면 또 하고 싶은 마음이 든다. 생각의 모습이 서로 다르다는 것에 신비감이 들기 때문이다. 두세 사람이 모여 만든 <따로 다같이> 생각들이 새로운 경험을 유발시킬 것이다. 그것은 바라보기에 따라서 경험의 협업이며 공동체적 자산일지 모르니까.

【생각을 쓰다】

아까부터 포도를 좋아하는 끈기가 시계를 쳐다보며 거드름을 피우고 있다. 글 한 줄을 끼적거린 연필을 쥐고 딴청을 피우는 것이다. 엄마가 동생에게 몸을 기울이자 끈기가 반사적으로 엄마한테 질문한다.

"요새 사람들은 참이슬을 좋아해요?"

화들짝 놀라는 엄마를 기다릴 새 없다는 듯 끈기가 코를 킁킁대며 말을 잇는다.

"고깃집 갔을 때 술을 마시고 토하면 어떡해? 장인한테 가서 결혼한다고 하고 맥주 마셔야 하잖아."

동생을 무시하는 것이 자신의 존재를 인정받는다는 생각에서일까? 연필을 손가락에 끼고 엄마의 표정을 흘깃한다. 혼나지 않을 만한 한계를 탐색하는 것으로 보인다.

"근데 술맛은 어때요?"

몸을 늘어뜨려 의자 뒤로 동생의 어깨를 밀치며 말을 잇는다.

"술맛이라고 인터넷에 쳐봤는데 어른이 되서 마시면 달달하대요. 아빠가 저에게 담배피우지 말래요. 자기는 담배 피우면서 나한테만 피지 말라지. 담배는 열아홉 살이 넘어야 피는 거래요."

그러고 또 묻는다.

"술은 어떻게 만드는지 아세요?"

눈짓으로 제지하는 엄마의 메시지를 의식한 듯, 혼자 중얼거리며 한발 물러선다.

"어른 되자마자 마셔봐야지."

그러면서 또 다시 말한다.

"지난주에 냉면 먹은 거 보여줄까요?"

동생의 연필을 낚아채서 나무젓가락처럼 양손가락으로 집고, 국물을 들이켜는 시늉을 해 보이며 울상을 찌푸린 동생의 어깨를 짓누른다. 자신의 행동이 올바르지 못하다는 것을 알아차릴수록 엄마의 관심을 모으려고 안간힘을 쓰는 것 같다. 고개를 치켜드는 동생을 손으로 내리치며 손가락을 입술에 갖다 대고 말한다.

"얘 병원에 가야할 것 같아요."

몸을 비트는 동생을 밀쳐내고 자신은 후다닥 바른 자세를 취한다. 그러면서 종이에 글씨를 눌러서 적는다.

"벌써 두 줄이나 썼다."

어깨를 젖히고 우쭐대며 울음이 터지기 직전의 동생을 가리키며 말한다.

"얘 끌어내야겠어요."

그리고 엄마를 보며 말한다.

"오 벌써 3줄 했다."

동생의 종이를 낚아채가며 동생의 한쪽 다리를 붙들고 힘겨루기를 하며 말붙인다.

"형아(형)가 해줄까? 찢어버릴까?"

갑자기 동생이 바닥에 있던 그림책 《프레드릭》[14]을 집어 든다. 그리고 끈기한테 혀를 쑥 내밀며 날름거린다.

"심술꾸러기, 형!"

---

14) 레오 리오니 지음. 최순희 옮김. 시공주니어. 2017년 1월

그리고 동생은 엄마 뒤로 몸을 피한다. 끈기가 엉덩이를 반쯤 들어 올리고 시계를 다시 확인한다. 그러면서 무슨 결심을 했는지 이내 진지한 모습으로 바꿨다. 머리를 쥐어짜며 찌푸리던 인상은 어느새 사라졌다. 글을 못 쓰는 것이 아니라 주어진 시간 안에 끝마치려고 기다렸다는 표정이다. 끈기가 써놓은 세 개의 문장은 벌써부터 있었다. 마지막 한 문장을 만들기 위해 거드름을 피우고 있었던 것이다.

쓰레기통 옆에 거지가 있었다. ①

쓰레기장에서 땅을 발견했다. ②

밑에 뒤졌더니 꽃이 나왔다. ③

그래서 나는 쓰레기 밑에서 꽃을 발견하고 꺾어서 집에 옮겨 심었다. ④

글쓰기의 첫 번째 목표는 딱 한줄 쓰기다. '한 단어'가 첫 문장의 시작이다. '한 단어'를 선택하는 집중이 '첫 문장'을 탄생시킨다. 그 한 단어가 '주어'가 되도록 권한을 부여하면 의외로 글이 술술 풀린다. 자신이 알고 있는 접속사를 입속말로 되뇌며 두 번째, 세 번째 문장도 기꺼이 끼적일 수 있다. '첫 단어'가 사람이면 좋으나 무생물이어도 상관없다. 주어가 무엇을 어떻게 했는지 밝혀주면 좋다.

첫 문장은 용기의 표현이다. 그렇다. 글이 풀리기 시작하면 쓸 말이 많아진다. 시작이 반이다. 글쓰기를 마치고 후련해하는 또래들은 대개 쓸 말이 없을 줄 알았는데 막상 쓰다보면 쓸 말이 너무 많단다.

좋은 글은 몸과 마음의 균형에서 우러나온다. 생각은 단순하고 손 근육은 정밀해야 한다. 손 근육의 속도와 뇌의 속도가 알맞으면 가장 좋다. 마음을 차분하게 가라앉히고 조급하지 않으면 더 좋다. 그리고 글쓰기는 도전이다.

글쓰기의 방해요인 중 하나가 속도감이다. 머릿속 생각과 손가락의 근육운동 속도가 일치해야 완성도가 높다. 하지만 박자를 맞추기가 여간 어렵다. 생각의 완성은 빠른데 손가락 근육운동은 느리거나, 손가락 근육운동은 서두르는데 머릿속 생각의 틀은 안 잡히는 식이다.

끈기가 쓴 마지막 문장은 글의 결론이며 생각의 완성이다. 어떻게 해서든 글자 수를 줄이려고 안간힘을 기울이다 얻은 쾌거다. 글씨 쓰는 수고를 피하기 위해 꾀부리는 전략인데, 이러한 꾀가 문장력을 기르는 구실이다. 글자 수를 줄인다는 것은 생각을 간추리는 것으로 '플롯'의 개연성과 '논리'의 구사력을 의미한다. 논술이나 자기소개서에서 글자 수를 제한하는 이유다. 이러한 꾀는 나이가 어릴수록 본능적인 자기전략으로 저절로 익힐 수 있다. 구사할 내용이 간단하고 쉬우니까. 반면 나이가 들면 지식이 복잡해지고 생각이 많아져서 체계적으로 배워야하고 시간이 오래 걸린다.

어려서 글쓰기를 익히는 것이 기회비용 면에서 유익하다. 어릴수록 의무적인 학습보다 즐거운 놀이일 테니까 말이다. **딱 한 줄의 기회비용이다.** 듣기로 정밀한 소(小) 근육운동은 소뇌가 맡아서 처리한다고 한다. 글쓰기도 피아노와 발레같이 정밀한 소(小) 근육운동이다. 어느 때고 잘 길들여지면 반사운동처럼 무난하게 처리할 수 있을 것이다. 연습에 의한 근육단련은 어릴수록 좋은 것 같다. 적절한 비유인지 모르나 손가락 근육이 생각의 근육은 아닐지 싶다.

멜론을 좋아하는 혜미가 남긴 말이 인상적이다. 그림책 저널치료에서 즐거리쓰기는 입속으로 만들어서 손으로 쓴다는 것이다. 예전처럼 읽은 책의 한 부분을 보고 베끼지는 않았다고 뿌듯해 했었다. 생각을 엮어서 완성하는 것임을 반증하는 것이겠다.

【글의 개요 짜기】

망고스틴을 좋아하는 서희와 체리를 좋아하는 원우가 티격태격 다투며 형광 포스트잇 한 장을 내밀었다. 문화교실에 오는 버스에서 어린 아이와 아이 엄마가 나눈 문답이 도무지 헷갈린다는 것이었다. 두 번이나 물어도 대답이 없던 엄마가 세 번째 물음에서야 답했는데, 엄마의 답이 딴 소리여서 어이없었다며, 엄마의 태도가 옳다거나 그르다는 식이었다.

다섯 살 아이와 엄마의 문답을 들으며 자연스럽지 않았다는 것이다. 애매한 생각을 밝히고 싶은 문제의식의 출현이다. 두 아이의 초롱초롱한 눈빛에 마음이 흡족했다. 저널치료의 본래 목표에 거의 다다른 안도감이었다. 책의 첫머리에 그림책 저널치료를 이렇게 정의했다.

저널은 무엇과 무엇의 관계를 밝히는 글이다.

글짓기와 글쓰기는 다르다. 글쓰기가 자신의 생각이나 느낌을 밝히는 글이었다면, 글짓기는 문제의식을 갖고 인과관계를 밝히는 글이다. 가장 큰 차이가 문제의식이다. 사회적이고 인류보편적인 주제를 다루며 누군가 읽어주기를 바라는 글이다. 따라서 글짓기는 일정한 구조를 갖추어야 한다.

아이들이 내민 포스트잇의 메모는 글짓기의 좋은 질료였다. 한편의 글을 짓기 위해서는 여러 가지 생각이 필요한데, 그 생각의 파편인 질료가 글짓기의 자원이다. 글짓기를 하려면 보다 자세한 정보자료를 곁들여야 한다. 누군가 들어주기를 바라는 자신의 마음을 보태야 한다. 두 아이는 무슨 말을 하고 싶은 걸까? 서희와 원우가 글의 질료인 포스트잇을 필통 위에 붙여놓았다.

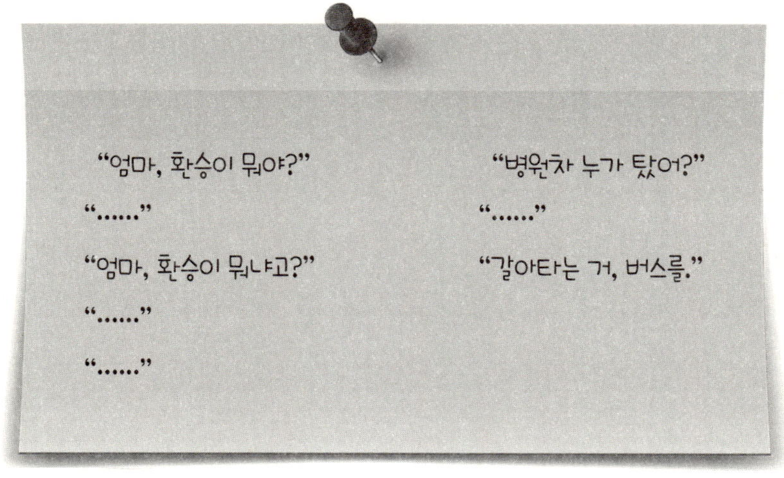

글짓기는 집짓기와 유사하다. 집을 지을 때 자재를 갖추고 기둥을 세우고 벽과 지붕을 만든다. 미리 그려놓은 설계도가 집짓기를 즐거운 창조로 바꾼다. 글짓기도 생각과 감정을 갖추고 주제와 제목을 붙인다. 글쓰기도 즐거운 창조가 되기 위해 미리 개요 짜기를 한다. 개요란 생각의 질서이며 스친 생각들을 불러오는 장치다. 개요에 따라 생각이라는 씨줄과 감정이라는 날줄이 얼기설기 엮여 말하고자 했던 의미와 재미가 탄생하는 것이다.

개요 짜기는 생각의 틀과 같으며 창조적 사고의 기본이다. 대개 표로 짜면 보기에 간단하다. 개요 표는 말 그대로 글쓴이가 말하고 싶은 생각의 뼈대다. 세상을 바라보는 관점이나 가치관을 반영한다. 서희와 원우가 짜 놓은 개요에 서로 다른 가치관이 두드러지게 나타나 있다. 제시한 개요표에 생각의 조각을 쪼개서 채웠다. 덩어리진 생각을 쪼개고 순서에 따라 생각을 배열하여 질서를 갖춘다. 온힘을 기울이는 건지 서로 상의조차 하지 않았다.

글의 개요		
언제	문화교실에 오는 수요일 오전에,	
어디서	시내버스 안에서	
무슨 일이	엄마와 어린 아이가 황당하게 문답하는 것을 보았다.	
감정이름 짓기	어리둥절한 문답	
왜(의문)	아이의 물음에 즉각 답하지 않은 엄마의 태도가 궁금하다.	
추측(상상)	서희	원우
	아이가 평소에도 자주 물어서 엄마가 그러려니 하는 것 같다.	버스 안이 위험해서 아이를 앉히고 말하려는데 아이가 딴 질문한 것 같다.
결론(예측)	엄마는 자기볼일에 집중했다.	엄마는 아이의 안전이 중요했다.

글짓기의 질료와 틀이 준비되었다. 자신들이 보고 듣고 생각한 것을 하나씩 세세하게 표현할 것이다. 시간의 흐름에 따라서 혹은 원인결과에 따라서 생각을 펼쳐나간다. 남이 알아듣기 쉽게 쓰기위해 안간힘을 기울이는데, 이때 문학적 상상력이 작동한다. 끼적끼적 글을 완성하는 데 약 15분이 걸렸다.

서희]

문화교실에 오는 수요일 오전에, 시내버스 안에서 엄마와 어린 아이가 황당하게 문답하는 것을 보았다. 아이의 물음에 즉각 답하지 않은 엄마의 태도가 궁금했다. 버스에 올라탄 아이가 환승이 뭐냐고 묻는데 엄마가 얼른 대답하지 않으니까 답답했다. 방학이라 사람들이 많이 없었다. 아이가 자리에 앉으면서 또 물었다.

아이의 질문을 무시하는 엄마가 이상하다고 생각하고 있었는데 아이가 창가를 가리키며 소리쳤다. "엄마, 병원차에 누가 탔어?" 그 말이 떨어지자마자 엄마도 대답했다. "갈아타는 거, 버스. 버스를 갈아타는 거야." 묻는 말과 답하는 말의 박자가 안 맞아서 입속으로 웃음이 나왔다. 아이가 삐지지 않은 것을 보니까 둘은 날마다 그런 놀이를 즐기는 것 같다.

[원우]

문화교실에 오는 수요일 오전에, 시내버스 안에서 엄마와 어린 아이가 황당하게 문답하는 것을 보았다. 아이의 물음에 즉각 답하지 않은 엄마의 태도가 궁금했다. 버스가 정류장에 멈추었을 때, 다섯 살쯤 보이는 여자아이가 인형을 가슴에 안고 힘껏 계단을 올라왔다. 아이의 엄마가 요금거치대에 교통카드를 대자 '환승입니다' 하고 기계음이 나왔다. 엄마 손에 붙들려 앞서가며 아이가 "엄마, 환승이 뭐야?" 하고 물었다.

그런데 엄마의 대답이 없었다. 아이의 질문을 무시하는 엄마의 태도에 깜짝 놀랐다. 아이도 답답했는지 환승이 뭐냐고 또 물었는데 목소리의 끝을 돼지꼬리처럼 올렸다. 내가 고개를 돌렸을 때, 아이가 갑자기 차창 밖을 가리키며 소리쳤다. "엄마, 병원차 누가 탔어?" 버스의 손잡이를 붙잡고 자세를 바로잡은 엄마의 대답도 동시에 터졌다. "갈아타는 거, 버스."

머리를 뒤로 묶은 엄마가 지갑에 쑤셔 넣지 못한 교통카드가 눈에 들어왔다. 흔들리는 버스에서 엄마가 얼마나 다급했는지 알 수 있었다. 의자에 앉은 아이는 몹시 안전하게 보였다. 병원차를 타고 가는 환자도 빨리 나아서 집에 갈 때는 버스로 갈아타면 좋겠다.

그러고도 첨삭을 세 번이나 했다. 생각의 민낯에 곱게 화장을 하고 세상으로 외출하려면 아직 더 많은 연습이 필요하다. 그럼에도 불구하고 자신들의 생각이 한 뼘 더 넓어지고 깊어진 거라고 몹시 흡족해했다.

열한 번째 따뜻한 질문이다.

Q11. 글짓기의 씨줄날줄은?

아빠와 생일선물에 얽힌 스토리는 누구에게나 있을 법하다. 그림책《고릴라》[15]에서 한나의 아빠는 몹시 바쁘다. 생일 전날 어두운 방구석에 쪼그리고 앉은 한나에게 집채만 한 고릴라가 나타나는 건 너무 당연한 일인가? 환상적인 세계가 펼쳐지며 한나와 독자 모두가 마음껏 상상하도록 자극하는 책이다. 충분히 놀다가 지쳐 돌아오면 따뜻한 사랑으로 꼭 안아주는 느낌을 갖게 한다.

리치를 좋아하는 준서는 주변에서 흔히 만날 수 있는 개구쟁이다. 올해 11살 나이로 게임을 좋아하고, 숙제를 종종 미루고, 의사가 되기로 아빠와 약속했지만 공부하는 것을 싫어하고, 멍때리기가 취미다. 작년에 아빠한테 받은 생일선물이 떠올랐다고 기세등등하게 이야기를 시작했다.

그날 집에 일찍 들어오신 아빠한테 폭탄을 맞았다. 마루에서 컴퓨터게임에 정신이 빠져 아빠의 손에 무엇이 들려있는지도 몰랐다. "그만하고 와보라." 는 말을 듣고 "알았어요, 금방 끌게요."라고 대답하고서도 게임을 계속하고

15) 앤서니 브라운 지음. 장은수 옮김. 비룡소. 2008년 6월

있었다. 그런데 시커먼 괴물 같은 것이 어깨 뒤에서 덮쳐와 게임을 망쳐버렸다. 눈이 뒤집힌 준서가 안절부절 못하고 있는데, 거세게 화내던 아빠가 선물 상자를 내밀었다. 그런데 그것도 기대하던 게임이 아니고 학습교구였다. 딱 봐도 이상한 모형이었는데 나쁘다고 말하지 않았었다. 왜냐하면 생일은 아직도 3일이나 남았었으니까. 이러한 일화를 평소 쓰던 방식의 일기라면 어땠을까?

나는 게임을 하고 있다가 혼났다. 아빠가 혼내다가 선물을 줬다.

글짓기의 질료는 찾아냈으나 막막하다. 준서가 무턱대고 연필로 끼적거리지 않았다. 참 다행한 일이다. 일화일기를 저녁일기로 바꾸는 것은 간단하다. 핵심감정을 찾아서 이름을 짓는 거다. 슬픔인지 기쁨인지 부끄러움인지 밝혀서 '끔찍한 피규어'와 같이 말해 본다. 그러면 통째로 보이던 사건의 장면이 둘씩 셋씩 쪼개진다. 거짓말 조금 보태서 웹툰 만화의 컷처럼 보인다. 장면마다 왜 부끄러웠는지 왜 슬펐는지 왜 기뻤는지 본인 스스로 알 수 있다. 감정에 사로잡혀 잘 보지 못했던 사건들의 앞뒤 순서가 달리 보인다.

준서가 '기대에 어긋난 선물'을 원망할 때, 친구들의 호기심은 '3일이나 먼저 받은 선물'이었다. 준서가 아빠에 대한 원망과 사랑을 분리하는데, <따로 다같이> 친구들의 질문이 큰 도움이 되었다. 친구들의 질문 덕분에 많은 것이 분명하게 밝혀졌다.

글의 질료
나는 게임을 하고 있다가 혼났다. 아빠가 혼내다가 선물을 줬다.

글의 개요	
언제	생일 3일전
어디서	거실 마루에서
무슨 일이	폭탄 맞았다.
감정이름 짓기	끔찍한 피규어
왜(의문)	아빠가 왜 3일이나 먼저 선물을 줬나?
추측(상상)	10살이니까, 공부하라고
결론(예측)	게임금지하려고 미리 줬다.

준서의 개요가 문학의 눈으로 보면 플롯이요, 과학의 눈으로 보면 가설이다. 경이로운 발견이다. 상상과 논리가 합성하여 원인과 결과를 밝혀냈다. 현상과 문제를 다르게 바라보는 통찰의 눈을 뜬 것이다. 준서가 꽤 괜찮은 작가라는 것을 짐작할 수 있다.

우리의 인식구조는 연역적으로 확장하기와 귀납적으로 좁히기를 거듭한다. 눈치로 흘깃한 사물이나 사태에 의미가 있다고 판단하면 가까이 다가가 꼼꼼히 살핀다. 전체와 부분을 번갈아가며 보이지 않는 차이를 살핀다. 그 차이와 깊이만큼 사고가 깊어지고 사고가 깊을수록 진실에 가까이 다가간다.

'저널치료'는 자기의 성장과정을 기록한 서사이며 문학적 소양으로 자신의 참모습을 밝히는 과정이다. 문학의 한 장르로 부족함이 없다. 자신의 일상을 감독하고 창조하는 행위다. 문학 한 편이 갈고 닦이고, 연구논문 한 편이 완성되는 과정이다. 글짓기가 문학적 영감을 자극하고 동시에 과학적 상상력을 확장한다.

〈상자 안에 든 상자〉

"이게 뭐예요, 아빠?"

"열 번째 네 생일선물이다!"

"와우, 제가 바라던 비디오게임이에요? 생일은 3일이나 남은걸요?"

아버지가 빙긋 웃었다.

"빨라도 좋으면 좋은 거지."

나는 아까부터 골판지상자를 묶고 있던 파란리본을 뜯고 딱 달라붙은 스카치테이프까지 벗겨내고 있었다. 후다닥 뚜껑을 젖히다가 잠깐 손을 멈췄다. 열 살이니까. 열 살짜리 페널티가 있을지 모른다. 상자 위에 쓴 글자를 읽었다. 〈취급주의〉라는 큰 글씨가 있었다. 게임 시간을 제한한다는 메모는 어디에도 없었다. 그뿐이었다. 심장이 갑자기 속도를 내고 있었다.

"숙제는 벌써 끝마쳤어요, 아빠!"

내가 말을 마치면서 뜯은 상자 안에 든 것은 상자였다. 제품보증서와 함께 있었다. 참깨같이 잔글자가 빼곡했지만 빨간 글자는 없었다. 상자 안에 든 더 작은 상자를 벗겼을 때, 나는 눈을 크게 치켜뜨고 말았다.

"윽 징그러워! 두뇌 피규어 맞죠?"

뇌의 부들부들한 감촉과는 반대로 내 팔뚝에는 소름이 치솟았다. 3D 프린터로 뽑은 것인데 완전한 사람의 살이었다.

아빠가 지긋하게 쳐다보며 말했다.

"으음, 그보다 훨씬 더 재미있는 거야."

"가짜는 싫은데."

"아빠도 알아, 너도 열 살이니까."

【문학이 좋아, 과학이 좋아? 】

문학과 과학은 서로에게 영감을 주고받는다.

사고가 무엇일까? 사고란 지식과 지식 사이의 관계를 알아내는 힘이다. 둘 사이에 지금껏 보이지 않던 새로운 뭔가를 발견하는 거다. 둘 사이의 경계를 뛰어넘으려면 용기와 도전이 필요한데, 답이 정해져 있다면 아무래도 움츠러들기 마련이다. 답이 정해져 있지 않아야 마음껏 상상할 수 있다.

학교에서 치르는 시험은 대개 정답이 있다. 답 맞히는 연습을 열심히 하면 좋은 점수를 얻는다. 간혹 연습을 했음에도 정답을 찾지 못하는 수가 있다. 풍부한 지식을 가졌어도 머릿속에서 사고가 미치지 못한 것이다. 지식 자체가 아니라 '사고'를 해야만 풀 수 있다는 것이다. 우리가 잘 알고 있는 시험 중에 중고등학교에서 치르는 내신과 대학입학을 위한 대학수학능력시험이 있다. 두 시험의 차이는 내신이 배운 지식의 확인에 관심을 둔다면 수능은 사고능력 자체에 관심을 둔다.

사고의 확장은 상상과 같은 말인데, 현실에서 가치가 있으려면 의미가 부여되어야 한다. 의미가 부여된 상상을 지속적으로 이어가고 정교하게 다듬어가는 과정이 창의다. 창의는 연습을 통해 인식되고 얻어지는데, 창의가 결과라면 상상은 시작이다.

상상을 자극하는 감성은 지식이 아니라 느낌이나 감각이다. 편견이나 고정관념 없이 다양한 시각으로 바라볼 수 있는 유연한 자세와 다른 사람을 이해하고 수용하는 열린 마음이어야 자극이 촉진된다.

국가마다 시대의 흐름에 따라 교육과정을 개편한다. 지식의 변화 속도를 반영하는 자연스런 현상이다. 무엇이든 바뀌는 것은 익숙한 것에 대한 아쉬움을 낳는다. 교육과정의 개편에 따라 학교운영 시스템과 대학입학 평가와 같은 큰 틀이 변화를 가져온다. 대학서열과 같은 경쟁보다 평가자체에 관심을 기울이면 생각보다 단순한 결론에 이른다.

기본적인 교육방침과 철학에 큰 차이를 보이지 않는다. 큰 줄기는 인문학적 소양과 과학기술을 갖춘 인재양성이다. 비판적 사고와 언어구사력의 증진으로 주어진 문제를 창의적으로 해결할 수 있는 능력을 갖추게 하는 것이다. 이러한 기조는 1950년대 말 미국의 교육과정 개편에서부터 줄곧 이어져 왔다.

그 계기가 스푸트니크 1호의 발사 성공인데, 인류 최초의 인공위성인 스푸트니크 1호는 1957년 10월 4일 구(舊) 소련 영토였던 카자흐스탄 바이코누르 우주기지에서 발사되었다. 당시 그 거대한 프로젝트를 지지한 소련의 콘스탄틴 치올콥스키(1857~1935)는 물리학자이며 소설작가였다. 그의 인문학적 소양과 과학적 상상력이 혁명적 사건을 이끈 것이다.

상상력의 중요성을 강조한 알베르트 아인슈타인도 "지식은 한계가 있지만 상상력은 세상의 모든 것을 끌어안을 수 있다. 나는 그 상상력을 자유롭게 이용한 예술가"라고 말했다.

지식에는 한계가 있다. 우리의 상상과 창의로 그 한계를 극복하며 발전한다. 문학과 과학은 서로에게 영감을 주고받는다. 그 영감은 예술적으로 표현하든 과학적 기술로 표현하든 문학적 작품으로 표현하든 가치관에 따른 차이이다.

【그냥저냥 자기첨삭】

열두 권의 그림책 저널 북이 거의 완성단계에 이르렀다. 그림책을 보고 얻은 인상을 자신이 겪은 경험과 연결하다 보면, 자연스레 스토리텔링 능력이 향상된다. 자신이 만든 이야기를 글로 바꾸는 일도 신난다. 이야기의 순서를 정하고 개요 짜기를 마치면, 자연스럽게 글이 엮인다. 뭔가를 끄집어내려고 머리를 쥐어짜지 않아도 괜찮다. 큰 힘을 들이지 않고도 자연스럽게 글을 완성할 수 있다.

쓴 글을 직접 읽는 것도 자기표현이다. 소리 내어 읽어보면 내용과 논리의 구성이 탄탄한지 알 수 있다. 생각 글쓰기니까 자신이 제일 잘 안다. 쓴 글을 다른 사람한테 들려주는 것이 글쓰기 향상의 한 방법이다. 상대방이 헷갈린다고 반응하면 부끄러운 건 사실이다. 그렇지만 용기를 내서 다시 써보는 건 진짜 좋다. 그림책의 그림이 건네는 예술적 심미감과 글이 속살거리는 문학적 감수성이 감싸주어서인지 나쁘지 않다.

그림책 《빨래하는 날》[16]은 숲속 동물들이 빨래하는 이야기다. 너구리가 혼자 세탁물을 들고 앉았을 때 계곡은 시끌벅적하지 않았다. 빨래가 마르면서 해님 냄새가 온 천지에 퍼진다. 동물친구들은 왜 그렇게 즐거워졌을까? 아주 어린 아이들이 볼만한 그림책에 초등학교 5~6학년들이 흥미를 갖는다는 것이 의외다. 책의 내용보다 등장동물의 깜찍함과 라임에 흥미를 갖는 것 같다.

블루베리를 좋아하는 지연이가 아까부터 맥이 풀린 표정이다.

"제목을 뭐라 지을까?"

지연이에게 인상을 남긴 장면은 너구리의 비누거품이다. 핵심감정은 '미움'이었다. 무슨 일이 있었을까? 기억에 묻어나온 경험은 아빠한테 전화를 하긴 했지만 친구들과 너무나 오랫동안 놀아서 미움을 사야했을 때다. 맥이 풀린 지연이의 어깨를 서희가 툭 치며 말했다.

"네가 빨았던 비누거품 색깔을 떠올려봐."

서희의 말을 듣고서야 지연이의 머릿속에서 연한 하늘색 거품이 보글보글 보글보글 보글보글 보글 올라오는 것 같았다. 연한 하늘색 거품 속에서 아빠가 활짝 웃고 있는 것 같다. 지연이가 글을 쓰면서 서희한테 말 붙이고 있다.

16) 프레데릭 스테르 글, 그림, 배형은 옮김, 파랑새, 2011년 06월.

오목조목하게 말하는 입술이 이렇게 말하는 것 같다.

"꾸릿꾸릿한 기분을 빨았어요. 깨끗하죠?"

웃고 있는 아빠한테 좋은 모습을 보여주고 싶은 마음이 두 볼을 분홍빛으로 물들인다. 자기 동생한테 그림책 저널치료를 알려주겠다고 말하던 표정 그대로다. 사실 지연이의 부탁을 단번에 들어주는 사람이 있다면 아마도 아빠일 것이다. 글쓰기는 좋은 점이 있다. 아빠와의 사이에 힘의 균형을 만들어 놓고 대화할 수 있게 한다. 패배감이나 승리감 없이 충분히 긴 평형을 형성할 수 있다. 아빠의 일방적인 꾸짖음을 안전하게 통제할 수 있다.

자신이 겪은 경험의 현상을 잘 이해하고 세부사항을 분석하고 생각을 정리하기가 그리 어려운건 아니었다. 자신이 무엇을 느끼고 생각하고 있는지를 알아차리는 것이나 자신이 쓴 글을 읽으면서 알아차린 생각들에 비하면 말이다. 자기표현을 정확하게 하는 것이 상상력을 키운다는 것을 알았다. 그런데, 지연이는 아직도 모르겠다.

'그래서 제목은?'

글을 다 쓰고 나서 지어도 늦지 않을 것 같다. 서희는 벌써 글을 다 썼다. 하지만 서희도 제목은 짓지 않았다. 드디어 지연이의 머릿속에 제목이 떠오른 것 같다. 책상에 널브러진 36색 수성 색연필을 나란하게 챙기고 있다.

【주인공 되는 날】

다른 사람들 앞에서 자기가 쓴 글을 읽어주는 시간이다. 자신에게 집중되는 눈빛이 따가울 수 있다. 쏘아보는 눈초리가 매의 눈처럼 매섭고 공포 같은 느낌이 들어 손에 땀이 날 수도 있다. 머뭇거릴수록 증세가 심해질 수 있으니까, 그럴 때는 얼른 침을 꿀꺽 삼키면 나아진다. 다른 사람의 시선을 한 몸에 받았다는 것은 스타라는 말이다. 자신이 만든 무대에서 주인공이 되는 날, 그것은 기회다.

따로따로 사유의 공간이 해체되고 다 같이 하나가 되는 공간으로 바뀌었다. 다 같이 모두의 이야기가 시작되었던 지점으로 돌아온다. 모두의 이야기 속에서 갈라진 각자의 이야기를 따로따로 들려줄 것이다. 따로 다 같이 해체와 모여를 거듭하는 순환이다. 각자의 이야기와 공통의 이야기가 씨줄과 날줄로 엮이는 틈바구니가 평화의 시간이다.

마지막 열두 번째 따뜻한 질문을 할 때다.

Q12. 네 글도 읽어줄래?

지연이가 온몸으로 지은 문학에 귀를 기울이며 다른 친구들이 차례를 기다린다. 마음의 귀를 기울이며 행간의 미와 여백의 미를 발견할 것이다. 그림책 저널치료를 시도해 얻은 유익은 많고도 많다. 수준 높은 그림책의 시각적 안목과 함께 자기 자신에 대한 신뢰와 사랑이 최고에 이르렀다. 예술은 마음을 열고 글쓰기는 사고를 열어서 마음껏 날아본 경험이었다. 자신의 스토리를 만들었다는 것이 그중 가장 값지다.

〈제목 : 거품선물〉

어느 날 계곡에 놀러갔어요. 근처 숲속 친구들이 빨래를 하던 중이었어요. 그리고 나는 구경을 하면서 숲속친구들과 친구가 되었지요. 친구가 된 후 같이 보글보글 거품을 내었어요. 깨끗이 물에 헹구니 마음속에 찌든 때 같은 것이 계곡물에 쓸어져 내려간 것 같았어요. 보글보글하게 빨래를 빨았지요. 다음에 다시 만나자고 그랬어요.

*오랜만에 글을 써보니 좋았고 아빠한테 비밀을 말 할게요.

나는 이 활동을 하면서 생각한 것은 글로 쓸 수 있다는 것을 느꼈어요.

내가 마음만 먹으면 잘 할 수 있게 도와줘요.

내가 맘만 먹으면 잘 할 수 잇게 되는 걸 알려줘요.

무엇인가 잘 할 수 있게 해줘요.

내가 하고 싶은 것을 몇 개 할 수 있게 해줘요.

나는 뭐.....앞으로 글 쓰는 연습을 많이 해야겠어요.

〈제목: 아빠께 거품 주는 날〉

저는 꾸릿꾸릿한 기분을 빨았어요.

연한 하늘색 거품 속에서 아빠한테 듣고 싶은 게 있어요.

잘했다.

사랑해.

그리고 제가 아빠께 드리고 싶은 것도 있어요.

사랑해요

잘 할게요.

동생 알려주고 사이좋게 노는 모습도 보여드릴게요.

OO올림

아보카도를 좋아하는 천호는 책도 좋아한다. 올해 열두 살 천호가 고개를 수그리며 웃음으로 인사를 나눈 뒤 책상에 앉으면 좀처럼 자리를 이동하지 않는다. 비좁은 책상 사이로 뛰어가는 두 살 어린 아이를 쳐다보며 쓴웃음을 삼키지만 어떤 간섭이나 제지가 없다. 모두 수용할 수 있을 것 같이 편안해 보인다. 나는 수업을 마무리하고 있었다. 글쓰기에 열중한 아이들을 곁눈질하며 뜻 없이 천호를 돌아본 순간 그 아이의 손에 들린 스마트 폰이 한눈에 들어왔다. 천호가 한쪽 무릎을 세우고 팔꿈치를 괴고 있었다. 현란한 전자 빛이 무릎에서 새나온 매우 빠른 속도감이 나의 시선을 압도한 것이다. 의심할 바 없이 천호는 모바일 게임을 하고 있었다. 맞은편에 앉은 아이와 나의 시선이 마주쳤다. 태연을 가장한 눈 깜박거림으로 하던 일의 재촉과 모른 척 하라는 신호를 동시에 보냈다. 최대한 자연스럽게 행동하는 것만이 그 순간 내가 할 수 있는 최선 같았다.

어찌된 일인지 천호의 저널 북과 연필이 가지런하게 놓여있었다. 글쓰기를 다 마친 것 같다. 평소 같으면 천호의 저널 북은 텅 빈 여백으로 있어야 했다. 천호에게는 글쓰기의 시작단계가 치명적인 스트레스였다.

딴 아이들의 글쓰기가 거의 마칠 때까지 그러는 경우가 많았다. 그렇다고 천호가 멍하게 가만있는 것은 아니었다. 딴 아이들이 고개를 숙이고 글쓰기에 열중하는 동안 조곤조곤 말을 붙여오곤 했었다. 최근에 보았던 웹툰을 소개해 주는가 하면 유튜브에 올라온 특이한 동영상을 추천해 주기도 한다. 화제는 자연스럽게 전자기기를 이용한 게임정보로 흘러간다. 게임의 수위가 19세 이용가다 싶으면 경계를 낮추고 학교와 학원이야기로 옮긴다.

인 서울(서울 소재 대학에 입학)하려면 5학년 때부터 죽살(죽자살자 각오) 해야 하잖아요? 그래도 학원 과외 4개가 경쟁에 끼어요. 학교는 기본이에요. 수시(대학입학의 내신전형)란 실력을 거스르는 거죠. 정정당당하지가 않아요.

천호의 평상시 말투는 수업시간과 차이가 컸다. 더 빠르고 은어 같으나 두세 단어가 한 단어로 짜인다. 인터넷이나 게임 같이 익명성이 보장된 곳에서 사용하는 말 습관 같다. 생각 없이 따라하는 것 같으나 의미가 닿는다고 느꼈다. 10대 초반의 놀이문화에서 비롯한 센스감이지 비하로 들리지는 않는다. 자신을 둘러싼 압박을 격의 없이 호소하는 것으로 들렸다. 이것은 심리적인 신뢰가 가져다주는 선물이다. 그래서 대학입학 스트레스와 거리가 있는 연령이지만 천호의 이야기는 이상하지가 않았다. 마치 어른들의 대화인 것처럼 자연스럽게 느껴진다. 실제로 드라마나 인터넷 기사를 통해 흔하게 접하기 때문이겠다.

형식을 없애자는 목적으로 시작한 글쓰기 수업인데, 천호의 말문을 막을 필요를 느끼지 않았다. 무엇이든 척척, 모르는 것이 없다. 진지하게 늘어놓는 이야기 중에는 어른이라도 한번 생각해볼 만한 화젯거리가 있었다. 의외로 천호의 생각이 깊은 건 질문을 해 보면 안다. 사방팔방으로 흩어져 있던 천호의 생각들이 두세 번의 질문으로 글쓰기에 적합하게 최적화되곤 했었다.

오늘만 해도 그렇다. 그림 색칠하기를 마치고 책을 펼쳐보였을 때 천호가 인상을 찌푸렸었다. 책 표지를 보면 트롬본을 불고 있는 흑인어린이 모습이 보이는데, 천호의 입에서 나온 말은 "인종차별에 대한 이야기구나."였다. "왜 그런 추측을 하게 되었니?"라고 묻자, "다문화시대니까요."라고 답했다. 색깔을 떠올리며 인종차별과 다문화의 관계 짓기를 해 보라 하자, "갈색이다."라고 한다. 그리고 "갈색은 꿈을 꾸는 색"이라는 말도 덧붙였다.

그림책 《트롬본 쇼티》[17]는 갈색의 명도와 채도가 잘 어울려서 웅장한 느낌을 준다. 커다란 트롬본이 아주 작은 소리까지 빨아들일 것 같다. 세상의 소리를 마음껏 연주하는 소년의 머리 위로 보랏빛 풍선이 올라가는 장면이 오래 남는다. 꿈과 희망이 가득한 천호도 곧 그리 될 것 같았다.

여행을 좋아하는 아빠를 따라 많이 다녔다는 천호! 다른 때랑 다르게 즐거워 보이긴 했었다. 천호 앞에 가지런하게 놓인 저널 북에 자꾸만 눈이 갔다. 글씨는 크기와 필압도 전과 다르게 크고 또렷하게 보인다. 흑연이 금방이라도 날아갈 듯 흐릿하고 돋보기를 비쳐야 알아차릴 수 있을 것 같았던 글씨 같지가 않았다. 엄지와 중지에 낀 검지가 보이지 않게 움켜쥐고 썼을 텐데 많이

17) 트로이 앤드류스 지음. 정주혜 옮김. 담푸스. 2017년 1월

힘들었겠다. 아니라면 자기도 모르는 자신감이 태도를 돌변하게 한 건지 모르겠다. 천호의 다음 여행지가 북아메리카 대륙의 뉴올리언스이지 않을까 싶다.

어린 아이일수록 한 줄 글에 흡족해하는 것을 종종 본다. 단순한 글인데도 매우 즐거워한다. 자신의 생각과 감정 그대로여서일 것이다. 누가 봐도 꾸밈없이 있는 그대로임을 알 수 있다. 아이의 정직한 표현이야말로 빙그레 웃음을 짓게 하는 힘이다. 그 정직함은 매우 가치 있다.

이제 다른 아이들의 글쓰기가 거의 다 끝마쳐간다. 천호가 가만히 스마트폰을 호주머니에 집어넣는다. 그러고 나를 쳐다보며 아주 작은 소리로 말했다.

"저널 북 집에 갖고 갈래요."

아직 저널치료 과정을 다 마치지 않았으므로 저지할 것을 아는 눈치다. 나는 웃지도, 고개를 젓지도, 그 어떤 신호도 보이지 않으려고 애쓰며 아이를 마주보았다. 그것으로 천호가 분위기를 알아차렸을 줄 알았다. 평소 천호는 자신의 글을 남이 보는 걸 꺼려했다. 하지 말라는 일을 몰래 할 것 같지 않았다. 저널 북이 어디론가 사라져버리기 전까지… 천호가 문밖으로 나간 직후에도 저널 북은 분명 책상 위에 있었으니까!

삼촌을 인터뷰하러 비행기를 타고 모스크바에 갔다. 비행기 안에 폭탄테러가 일어났다. 돌을 던졌는데 다이너마이트가 땅으로 떨어졌다. 떨어지는 사이에 공중에서 터졌다. 비행기가 착지할 때 쿵 소리가 나고 착지를 했다.

삼촌을 만났다. 교과서책을 읽을 때 대충 읽었는지를 물어봤는데 대답은 음.......대충 읽었지 아~주 대충 읽었어. 너무 놀랍다. 왜 여기에 있는지를 물어봤다. 대한민국에서 추방당하고 스웨덴에서 추방당하고 여기서 숨어 지내는 것이야. 왜 추방당하였는지 묻지 않았다. 삼촌이 이렇게 이상한 사람인줄 몰랐다. 공부를 어떻게 했는지 묻지 않았다. 만화책만 읽었어, 할 거 같았다.

책을 많이 읽는 게 좋았는지 묻지 않았다. 넌 인마 도서관에 가서 모든 책을 다 읽어야지, 할 거 같았다. 그런데 삼촌이 나한테 스프링공책을 건네주었다. 첫 장을 펼쳐보다 깜짝 놀랐다.

내가 쓴 글씨랑 똑 같았다. 5학년 삼촌이 이렇게 꼼꼼히 공부하였는지 몰랐다. 사람의 직업이 화학교수가 맞았다. 가짜 교수인줄 알았다. 아까 폭탄테러를 막은 사람이었다.

나도 커서 화학과학자가 될 것이라고 했다. 글쓰기가 큰 도움 되겠다고 격려받았다. 원래는 다른 게 꿈이다. 원래 꿈은 축구선수다. 거짓말을 해 보니까 기분이 시원하다.

- 제3부 -

마음의 평화가 관계회복이다.

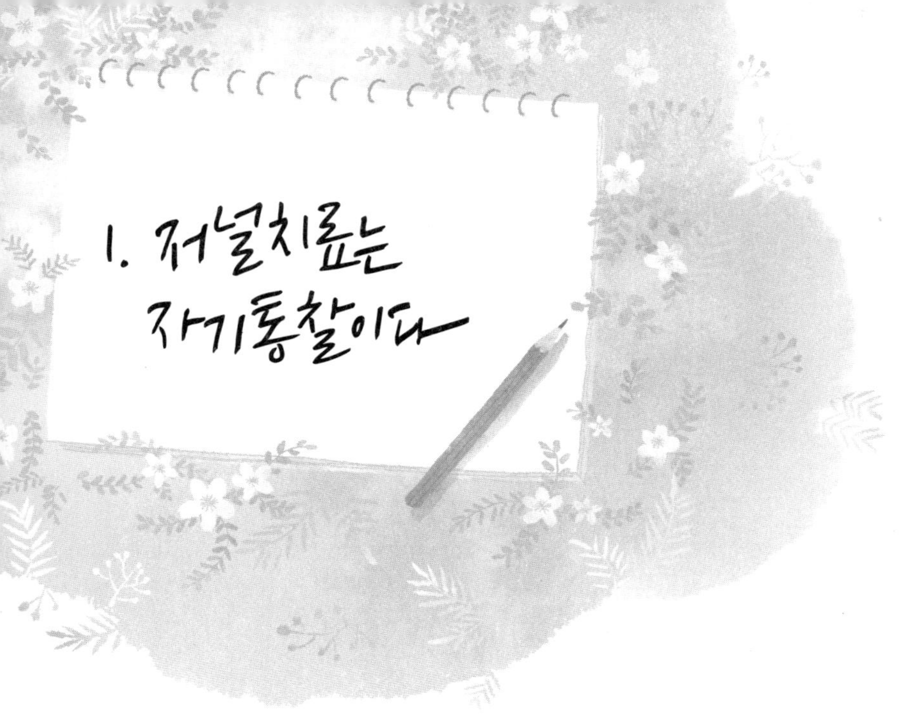

질문은 의식과 호기심의 표현이다. 생각하는 기능의 결정체가 질문이다. 컴퓨터가 이러한 의식과 호기심을 갖게 되면 어떻게 될까? 로봇이 사람에게 질문하며 서로를 탐구하게 되지 않을까? 인간과 진정한 마음을 나누는 친구가 될 수 있을지 모른다. 진정한 대화에 목마른 사람들에게 좋은 선물이 될 것이다. 인공지능 로봇에 관한 뉴스와 영화가 많아서인지, 실제로 존재하고 있다는 착각이 든다. 그러나 눈부신 과학기술의 발전 속도에도 불구하고 스스로 생각해서 질문하는 로봇이 나오기까지는 오랜 시간이 걸릴 거라고 한다.

그렇다면 아직까지는 인간만이 질문을 던질 수 있다. 말을 배우는 아주 어린 아이도 질문한다. 진짜 알고 싶어서 묻는지 의심이 들 정도로 끊임없이 묻는다. 누가 시킨 것도 아닌데 알아서 묻는다. 알다시피 질문이 없으면 배움이 없다. 질문이란 자신이 알고 있는 것과 모르고 있는 것을 자각하는 창문이며 다른 사람과 긴밀하게 소통하는 출입문과 같은 것이다.

인간의 지능이 하는 이러한 기능을 컴퓨터가 해내도록 만드는 기술이 인공지능이다. 딥-러닝이란 컴퓨터가 인간처럼 학습하는 기술을 일컫는 말이다. 컴퓨터의 저장장치에 수많은 정보가 쌓이면 일정한 패턴이 생기는데, 새로운 정보가 들어오면 그 패턴 안에서 이전에 봤던 거랑 비슷한 것을 예측하도록 설계한다. 이것이 딥-러닝의 원리다. 정확한 예측이 딥-러닝의 핵심이다.

학습심리학에서 이러한 강화학습은 매우 일반적이다. 예를 들어, 어린 아이가 양치를 하면 엄마가 꼭 안아준다. 엄마와 아이는 식사를 마칠 때마다 반복한다. 이러한 패턴은 습관으로 자리 잡고 다른 행동을 익히는 데도 영향을 미친다. 강화학습은 칭찬과 보상으로 익힌 행동의 패턴이며 습관이라고 한다.

인공지능으로 인간의 행동을 재현하려는 것이 로봇공학이다. 실제 전문 의료용 로봇 왓슨은 웬만한 전문의보다 더 정확하게 진단을 내린다고 한다. 글쓰기조차 인공지능이 손을 뻗치고 있다는 소식도 들린다. 짧은 '시' 정도는 창작한다고 하니, 인간의 감수성을 학습하고 나면 장편소설도 지어낼는지 알 수 없다.

인공지능의 핵심은 입수한 방대한 양의 정보를 분류하고 패턴을 인식하고 표현하는 정보처리과정이다. 사람들이 책 한 권의 내용을 읽고 정리하고 발표 자료를 만드는 과정과 비슷하다. 다른 점이라면 컴퓨터는 피로감 없이 무한반복을 계속할 수 있다는 점이다. 또한 정밀하고 실수 없이 정확하게 예측한다는 것이다.

사람도 지능에 따라 예측의 정확도에 차이가 있다. 비슷한 지능을 가졌어도 노력 여하에 따라 예측의 정확도는 천차만별이다. 같은 지능이라도 학습 방법에 따라 가능성은 무한하다. 무한한 가능성을 갖고 있다는 것뿐, 어떻게 펼쳐내는지 아직까지 명확히 밝혀진 바는 없다. 우리 몸의 뇌가 그러한 지능을 관장한다.

무게는 약 1.5kg에 크기는 자신의 두 주먹만 할 뿐인데 그 크기와 무게에 비해 하는 일이 무한대라니! 뇌-과학에 대한 지식이 전혀 없으면서도 뇌-과학의 주변을 두리번거리게 한다. 자신도 모르는 자신의 비밀이 뇌 속에 있을 것 같기도 하고, 은밀하게 감추고 있는 비밀만 알아내면 멋지게 살 수 있을 것 같기도 하다. 저지른 실수나 행동이 자신의 예측과 전혀 상관없을 때 그 뇌는 무엇을 하고 있었을까? 무한한 가능성을 가졌다는 신비감보다 더 신비로울 때가 많다.

언젠가 인터넷 포털에서 뇌-지도(Brain White Matter Atlas)를 발견한 적이 있었다. 뇌-과학계의 국내 권위자로 소개된 연구팀[18)]은 뇌-영상기의 7T[19)] 기술과 1.5T기술로 촬영한 영상을 비교하여 보여주었는데 그 차이가 실로 어마어마했다.

뇌-지도는 뇌질환 치료의 임상에서 읽는 수술좌표였다. 자신의 존재를 밝혀보라는 듯 몹시 선명한 영상이었다. 뇌 영상 기술이 불과 몇 년 사이에 얼

---

18) 가천대학교 뇌과학연구소 조장희 박사팀

19) 테슬라Tesla : 자장의 단위로 숫자가 높을수록 영상 선명도가 높아짐

마나 비약한지를 알 수 있었다. 아름다웠다. 붉거나 푸른 등고선에 무수한 숫자와 알파벳 기호들이 질서정연하게 표시되어 있었다. 미적분공식을 대입하면 풀지 못할 비밀이 없을 것만 같았다. 어렸을 적 뇌 부위와 기능을 외우기 위해 호두알을 반쪽 잘라 손가락으로 더듬던 기억이 떠올랐다.

붉거나 푸른 등고선의 뇌-지도가 현실의 시공을 벗어나게 자극했다. 바다에 착륙한 우주인처럼 수평선 너머 망망대해를 바라보았다. 반짝이는 파도 아래 황금모래가 발가락을 간지럽힌다. 한 발 더 내딛고 싶은 유혹을 반기며 첨벙하고 발을 내밀었다. 파도가 철썩하고 엉덩이를 때릴 줄은 정말 몰랐다. 당황스러워 도망치다, 약이 올라 맞서다, 한참을 그렇게 실랑이를 한다. 파도가 숨 쉬는 리듬을 타고 눈 떠보니 수평선 한가운데다. 온갖 바다생물이 헤엄치는 해저 아래 같기도 하다. 흐느적거리는 지느러미가 살갗에 닿을 때마다 내밀한 곳에 감추어둔 욕망이 뜨끔하고 놀란다. 결코 드러내 보이지 않은 감정들이 나풀거린다. 불편한 진실을 바라보며 소리라고 외치고 떨쳐내고 싶으나 침묵뿐이다. 엄청난 감정의 소용돌이가 생각을 압도해버렸다. 알 수 없는 불안이 지배하는 느낌이다. 폭풍우라도 치면 숨을 쉴 수 있을 것 같다는 생각이 들었다. 무의식의 세계인가!

몽롱한 의식을 깨운 건 창문으로 비친 햇빛 한 줌이었다. 나도 모르게 감정에 매몰되었다. 시간과 공간의 경계가 없을 것 같은 신비로움에 사로잡혀 잠시 정신을 잃을 것 같다. 뇌-지도 영상이 가져다 준 영감이 그림책에서 받은 거와 흡사하다. 마치 137억 년 전 우주빅뱅의 기원이 현재와 맞닿아 있는 듯, 상상할 수 있는 한 어디라도 도달 할 것 같이 오묘한 신비의 세계가 마치 동화의 세계와 닮아 있었다.

이 글을 쓰면서 전에는 몰랐던 많은 것을 알게 되었다. 그림책은 우리의 영혼을 비춰주는 거울이었고, 자신의 바다로 끌어당기는 손이었다. 내면의 바다에 손을 집어넣어 끄집어 올린 민낯의 기억은 생각보다 아름다운 추억이었다. 그림책 저널의 시작은 끼적거림이었고, 마지막은 생각들이 멋을 부린 보석이었다.

통찰학습은 내부에 내재되어 있는 기억들로 외부환경을 배우는 것이었다. 통찰학습의 직관과 딥-러닝의 예리한 예측이 일으키는 시너지는 상상 이상일 것이다. 그 어떤 꿈과 희망이라도 실현시키기 충분하리라 예견한다. 직관도 예측도 통찰이다.

통찰이란 전체를 관망하는 눈이었다. 검은 실루엣으로 드러내는 윤곽을 알아차리는 마음이다. 육감은 검은 실루엣이다. 쉼과 여유의 시공에서 마주치는 지각이었다. 바쁘게 두리번거리거나 반드시 가지려고 아둥거리면 전혀 볼 수 없다. 내가 알기로 통찰을 부르는 유일한 정서는 심심함이었다. 그냥 심심함이 아니라 온 몸에 땀이 흠뻑 적시게 놀거나 노동한 후에 갖는 넋 나감이다. 자신의 열정이 쏙 빠져나간 빈 공간에 통찰의 빛이 들어온다.

자신을 통찰하는 쉼의 공간에서 어렵고 힘들었던 좌절과 실패의 부산물이 배설되고 상처가 어루만져지고 새살이 돋아나는 것이었다. 주저앉았던 용기가 자리를 털고 일어나는 자기 지지의 기반이었다. 이러한 반복을 거듭하는 것을 심리학에서 자아의 탄력성이라고 한다.

그림책과 함께 하는 '쉼'은 우리의 뇌를 위대한 가능성의 주인공으로 초기화시켜 주었다. 꿈과 희망을 새로운 눈으로 바라보게 된 것은 다름 아닌 '단순반복'이었다. 어떤 그림책이든 즐거움을 반복하도록 부추긴 건 바로 12가지의 질문이었다.

12가지의 질문으로 그림책과 데이트를 하다보면 마음이 꿈틀하고 두 볼이 따뜻해질 것이다. 부끄럽고 언짢았던 기분이 씻겨간다고 생각해 보라. 참모습이란 외면하고 싶은 기억까지 성찰하는 자세다. 상처 난 마음을 포근하게 감싸 안고 심호흡으로 위로해 보라. 새살이 나고 온기가 돌아 차갑게 다가오는 힘들 일도 해볼 만하겠다는 힘이 솟을 것이다.

그림책 저널치료의 본질은 12가지 질문이다. 상담가의 지시에 잘 따르는 것이 좋은 치료이듯 12가지 질문의 의미와 순서를 바르게 이해하는 것이 자기치료의 핵심이다. <따로 다같이>는 자기 상담이라도 삶처럼 놀이처럼 가볍게 하자는 마음으로 만든 설계다.

정신세계는 생각보다 단순하다. 문제해결의 실마리는 항상 자기 안에 있기에 자신 쪽으로 방향을 돌리면 저절로 문제가 풀릴 수 있다. 12가지 질문을 가볍게 던져보라. 홀연하게 찾아오는 자신의 참모습을 맞이할 수 있을 것이다.

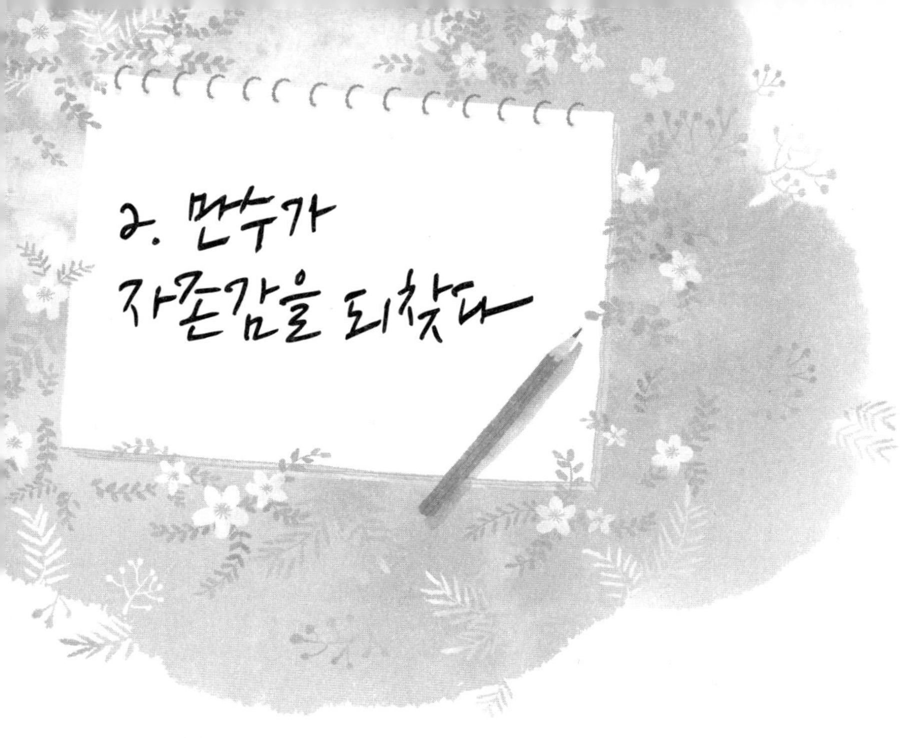

아이들의 눈빛은 모두 유별난 자의식과 비범한 재능을 품고 있었다. 자신의 생각으로 끝내 마침표를 찍으려고 기다리는 고집도 유별났고, 다른 사람의 표정을 살피는 예리함도 놀라웠다. 자유분방한 분위기로 소란스럽기도 했으나, 천진난만한 눈으로 치면 평범함과는 거리가 멀었다. 온갖 모순된 것들을 한 데 집약시킨 어수선함, 그 속에서 독특한 '글'들이 탄생하고 있었다.

프로그램이 거의 끝나갈 즈음이었다. 블루베리를 좋아하는 만수가 꾸깃꾸깃한 줄 공책을 내밀었다. 공책은 마음을 조이는 깔끔함과 손의 움직임을 가로막는 단정함을 벗어던지고 코딱지를 묻혀도 괜찮을 법한 모양새였다. 자기만의 생각을 끼적인 만수의 대담함이 비어져 나오기라도 하듯…

밀린 숙제를 마친 개운한 맛이 전달되었다. 가슴이 멈칫 한 동시에, 큰 실수를 저지른 것처럼 얼굴이 화끈거렸다. 만수가 두 개의 색연필을 겹쳐 사용하던 장면이 오래전 꿈처럼 스쳤다. 나의 의식 속에서 사라진 지가 언제인지 알 수 없었다. 그런 모습을 볼 수 없어서인지, 그러려니 하고 염두에 두지 않았는지, 기분이 멋쩍었다. 꿈에서 깨어나듯 만수 엄마에게 해줬던 말이 슬며시 떠올랐다.

"엄마가 그림책 읽어주고 감정단어 다섯 개씩 적어보면 좋겠어요."

만수에게는 화려한 글쓰기가 아니라 자기 해방의 글쓰기가 필요했었다. 처음에 만수 엄마는 만수의 증상에 대해 상한 자존심을 감추었다. 다 큰 아이한테 그림책을 읽어주는 것은 어리석다고 투정했었다. 그뿐이었다.

공책을 한 장 한 장 넘기면서 속으로 놀랐다. 맨 앞장에는 무려 스무 권의 그림책 순서가 적혀 있었다. 내가 알기로 만수는 색깔을 탐험하는 채색가였다. 글자마다 획순은 두세 겹의 색으로 겹치지만 색의 어울림은 대단해 보였었다.

애매한 감정이 제각각 분별되었을까? 색은 색대로 글자는 글자대로 떨어져 있다. 글자들의 획순이 온전하게 보였다. 삐뚤빼뚤 로봇 춤을 추긴 하지만 열 살의 또래들과 똑같았다. 그러면서 글자 크기가 제법 크게 변모해 있었다. 아슬아슬하게 줄타기하던 형상은 온데간데없이 사라졌다.

만수가 쓴 글을 소리 내어 읽으면서 한 번 더 놀랐다. 엄마가 불러주고 만수가 받아쓰기 한 건지 착각이 들었다. 공책의 여백에 간간히 그림이 있었는데, 그것이 생각의 수채화로 비춰졌다. 주황과 연두의 감정 말로 그린 그림이었다. 그림과 시가 있는 시화집이었다. 자작시다. 그러니까 동시집이었다.

어떻게 이런 변화가 일어났을까? 만수 엄마는 책읽기관련 부모교육 강좌를 접할 때마다 마음이 바빠진다. 자신이 책을 읽고 성공하고 싶어서가 아니다. 빨리 만수에게 읽히고 싶어서다. 그런데 마음과 달리 항상 실패하고 좌절을 맛보았다. 읽기를 강요할 수도 없지만, 억지로 읽는 건 또 무슨 소용인가? 만수는 교과서를 내밀며 책을 읽고 있다고 항변하고 엄마는 울화가 치밀고 … 딱 봐도 옳지 않았다.

더 이상 좋은 비법이 없다는 허탈감이었을까? 다 컸다는 아이를 가슴에 품고 그림책을 읽어주었던 것이다. 그리고 만수 엄마는 내가 신신당부했던 말도 잊지 않았다. 책의 내용을 확인하는 질문을 하지 않았다. 오직 던진 질문은 '어떤 장면이 가장 인상적이었니?' 뿐이었다. 그러면 만수가 '느낌에다 이름을 붙이면 되는 거지?'라고 되묻는 식이었다.

만수 엄마에게 만수는 참 이상한 아이였다. 놀이시설의 휘황찬란하고 요란법석한 것을 싫어했고 화려한 뷔페도 사양했다. 성향이 몹시 다른 두 사람이 서로를 깊이 이해하고 존중하게 된 계기가 그림책 읽어주기였다. 만수의 때없이 깨끗한 순수가 소박하게 살아온 엄마의 내면을 따뜻하게 쬐어주기라도 한 듯, 두 사람은 진정한 교감을 나눈 듯하다. 만수가 잃어버린 책읽기의 흥미를 되찾았다. 엄밀하게 말하면 자존감을 되찾았다고 보아야 한다. 엄마가 대신 읽어주면 되었던 일이다. 어렸을 때만 읽어주라는 법은 어디에도 없다.

그림책은 나이를 묻지 않고 읽어주기에 제격이다. 어린 아이들은 말배우기 쉽고, 어른들은 마음휴식하기 좋다. 사춘기 청소년은 어떤가? 꺼림칙한 시선으로 꼬나볼까? 내가 만난 청소년 대부분은 그림책의 미술적 감수성에 매혹당했다. 이미지의 구도와 색깔과 형태 그리고 음영과 여백의 의미를 읽는다.

뇌의 우반구를 자극해서 장기 기억 속에 저장된 정보를 퍼 올리는 기술이 있었던지, 청소년들의 수다가 더 많아졌다. 그림책을 접근하는 본질을 아는 것처럼 말이다.

소리 내어 책을 읽어주는 시간은 포옹이며 허용이다. 어리광을 피우고 투정을 해도 괜찮은 해방감이다. 억울하고 속상한 마음이 스르르 풀린다. 어린 시절 누구나 부모의 금지령에 대항 못하고 참았던 분노가 삐죽삐죽 방출되고 편안해진다. 엄마의 실수나 꼬투리를 호시탐탐 노리는 개구쟁이 만수를 점잖게 변화시킨 것처럼.

그림책 저널치료는 여느 독서활동이나 글쓰기활동과는 차이가 있다. 주된 관심을 작품이해와 문장쓰기에 두지 않는다. 느낌과 기분을 살피고 내면의 감정을 표현하는 데 두고 있다. 자신의 경험을 솔직하게 표현하는 능력을 키우려는 데 초점을 맞추고 있다. 자신도 모르게 자신을 지배하는 감정적 억압에서 뛰쳐나오는 해방구다. 조금씩 자유로워지고 자신을 둘러싼 많은 관계가 왜 그렇게 흘러왔는지를 이해할 수도 있다. 삶의 의욕이 새로 솟고 새로운 성취와 희망을 볼 수 있다. 자기 내면의 깊은 울림을 들을 수 있다면야, 자기 주도적 변화를 이끌어가지 않겠는가?

그림책의 글은 대개 짧다. 호흡도 짧고 라임하기 좋다. 반복해서 읽으면 노래처럼 리듬이 붙는다. 삐치고 토라진 아이조차 사랑을 듬뿍 담은 목소리를 들으려 쫓아오고 자신이 사랑받고 있다는 느낌을 대번에 알아차릴 거다. 만수와 엄마가 짝지어 나눈 이야기가 한 편의 시가 되었다.

눈치 없이
말대꾸하기는

말대꾸하다가
나만 혼났다.
-눈치가 없구나!

울기는
대답을 해야지

대답 없이 울다가
나만 혼났다.
-생각이 없구나!

눈치야 어디 갔니?
생각아 어디 갔니?

말 좀
들어라 말 좀
아주 시끄럽다.

말 좀
들어라 말 좀
때때로 귀찮다.

말 좀
들어라 말 좀
너무 짜증스럽다.

말을 듣는데도
말을 들으란다.

무슨 말인지
모른다.
그러나 안다고 한다.

그냥!

문화교실은 햇볕이 잘 드는 남향이었다. 냉방시설이 좋아서 긴 복도를 걸어오는 동안 바깥의 더위가 식는다. 키위를 좋아하는 기효는 부모님의 교육 방침에 따라 홈스쿨 과정을 밟고 있다. 열한 살 기효는 말수가 별로 없으나 쾌활하다. 앙팡진 구석과 달리 수줍고 소극적이다. 자기 몫은 떼쓰지 않고도 얼마든지 차지할 수 있을 것 같은 인상이다. 꼼꼼하게 마무리 짓는 습관을 가졌으니 맘만 먹으면 뭐든 척척 해낼 것이다. 교실로 막 들어오는 기효에게 누군가 물었다.

"에어컨 바람에도 덥니?"

헐떡거리는 숨소리조차 다 들리게 기효가 말했다.

"자전거 타고 왔어요."

"동생과 엄마는?"

"아직 옷 입고 준비하고 있어요."

기효의 얼굴은 벌겋게 달아 있었다. 모르는 사람이 보았다면 엄마와 실랑이를 벌이다 토라져 삐져있는 것으로 여겼을 것이다. 물방울무늬가 새겨진 모자를 벗는 기효의 하얀 무테안경 너머 도톰한 눈썹이 더 짙게 보인다. 기효는 수업에 5분, 10분 늦기가 일쑤였다. 오자마자 전날에 칠하다만 색칠을 하려고 안간힘을 쓴다. 읽어주는 그림책의 장면에 꽂힌 눈을 떼지 못하면서 말이다. 사소한 것에 몰두하거나 완벽한 것에 집착하는 것으로 보였다. 그러나 고집이 세거나 완고하지 않았다.

잘하고 싶은데 반해 느릴 뿐이었다. 그렇게 늘 시간이 부족하던 기효가 엄마 손을 뿌리치고 혼자 자전거를 타고 일찍 도착했다. 뒤따라 들어온 또래와 소파에 앉아 책을 펴고 있었는데, 얼마 지나지 않아 둘이 함께 까르르 웃는 소리가 들렸다. 나는 귀가 솔깃해졌다. 기효가 또래친구에게 말을 붙였다.

"내가 빼내 줄께!"

그리고 또래친구의 어깨 너머로 기웃거렸다.

"여기! 머리띠가 걸렸어."

또래가 어깨를 돌려 자기 등을 기효 쪽으로 내밀었다. 기효는 내가 뭘 물어도 대답 대신 고개만 끄덕였었다. 수업 초기만 해도 좋아하는 과일이 리치라고 말하는 데 참 오래 걸렸다. '새콤달콤한 맛이라서'라는 말을 내뱉기까지 더 오랜 시간이 필요했었다. 그러하니 스스럼없이 말 붙이는 또래가 있었나 싶다.

글쓰기는 안정된 마음을 필요로 한다. 그렇기 때문에 불안하고 강박에 사로잡혀 있을 때, 좋은 글을 찾아서 따라 써보는 것은 치료효과를 낳는다. 글쓴이의 안정된 마음이 고스란히 전달되어 따라 쓰는 이의 마음을 차분하게 가라앉히도록 유도한다. 그러다 용기가 되살아나면 자신의 생각을 이어서 쓸 수도 있다.

세상에는 글이 아주 많다. 흔하고 흔하기에 쉽게 쓸 수 있을 것 같은데, 텅 빈 느낌으로 다가오는 여백이 설렘보다 부담이 먼저다. 술술 말하듯이 줄줄 써 내려가면 될 것 같은데 막힌다.

집짓기 기술을 배우듯, 글쓰기도 힘써 배워야 하는 기술이다. 정교한 짜임이 필요한 건 말하기도 마찬가지나 기술이라고까지 일컫지는 않는다. 왜냐하면 매일 매일 연습할 기회가 주어지기 때문이다. 생각이 곧 말이 될 만큼 연습이 되었다는 뜻이다. 말이 곧 글이 될 만큼 연습을 한다면 어떻게 될까? 세련된 글이 연습 없이 나오지 않는다면, 누구나 연습하면 잘 쓸 수 있다는 사실 또한 아주 명백하다.

글을 쓰는 동안 생각이 자란다. 생각이 자란만큼 글이 다듬어지고, 다듬어진 글만큼 생각이 또 자라난다. 글이 세련되게 자라는 동안 멀어졌던 자존감이 찾아온다. 자신에 대해 스스로 느끼는 효능감도 커간다. 어떠한 상황에서도 문제를 잘 해결할 수 있다는 기대와 신념이 자기효능감이다.

기효가 수업에 늦는 건 동생의 느린 준비였다. 엄마 차를 타고 와야 하는 거리를 자전거로 달려온 기효는 오늘 모든 면에서 척척 이다. 하나 잃고 다

얻은 통쾌함 같았다. 결국, 자기결정력이다. 자기선택은 자신을 제대로 아는 것에서 출발한다. 즉, 세상과 직접 만나보겠다는 포부이며 자기결정이다. 기효가 자전거를 타고 혼자 가다 넘어지지나 않을까 기효엄마는 염려가 많았겠지만 기효의 고집이 옳았다는 것을 알게 될 것이다. 한번 봇물이 터진 기효의 자기결정력은 자신만의 포부를 잉태했을지 모른다. 엄마가 제시하는 포부에서 벗어나 자신만의 포부로 세상을 탐험할 것이다.

적당히 살이 붙은 동그란 기효의 얼굴 전체가 함박꽃이었다. 감기듯 가느다란 눈을 바라보며 나는 내가 미처 몰랐던 많은 것들을 가늠해 보았다. 기효의 미해결과제들이 무엇이었을까? 앞으로 나아가려는 데 방해물은 아마도 미숙함이었을 것이다. 그것 외에는 기효가 직면할 만한 위기는 없었다. 능동성을 찾아가는 데 연습만큼 좋은 것도 없겠다. 완성된 자신의 생각이 축적되는 만큼 인성이 자랄 테니까. 수동성일 수밖에 없던 과제를 완결 지으려는 우직함이 드디어 자기의 유능함을 드러낸 것이다. 불만족스러운 현실을 알아차리고 만족스럽게 해결하다니, 홀가분하게 보여서 좋다. 기효가 자기만의 세상에서 기지개를 켜고 한 발 한 발 이웃한 또래의 세상을 기웃거리고 있었다.

글을 짓기가 쉬웠다느니 수업이 재미있었다느니 하는 인사 없이 조용히 모자를 쓰고 교실 문을 나갔다. 나도 모르게 내다본 창문너머로 기효가 자전거 페달을 밟으며 멀어져 간다.

꼬리말

여름이 가까이 다가오고 있습니다. 긴 하루를 끝내고 침묵할 시간입니다. 책상은 깨끗하게 치워져 있습니다. 저도 모르게 책상 왼편의 바닥을 문지릅니다. 지우개 가루가 물큰하게 되살아납니다. 맨 처음 백지 위에 쓰던 말도 떠오릅니다. 지난 늦더위 속에서 한참이나 서성인 끝에 쓴 첫 단어가 '저널'이었습니다.

아무런 고통도 겪지 않을 사람처럼 찬란한 희망만을 기대하며 글을 쓰기 시작했습니다. 좌충우돌하는 일상들을 포착하여 윤곽을 잡고 글로 표현하는 바, 작지만 확실한 행복이었습니다. 하지만 얼마 안 되어 내 안의 상한 마음을 치유하지 않은 채 좋은 글로 발전할 수 없다는 것을 깨달았습니다. 묶으려던 서책의 두서가 엉키고 말았습니다.

<따로 다같이>, <따뜻한 열두 질문>의 치료상자가 없었더라면 헤맨 시간이 더 길어졌을 것입니다. 그림책 작가의 마음이 내게 닿아 내면의 허기를 채우고 용기를 얻었습니다. 삶의 소중한 가치인줄 알면서도 자꾸 까먹습니다. 그래서 치료입니다. 누군가 나의 이야기에 애틋하게 귀기울여주지 않을 때, 남을 이기고 싶으나 스스로 지기를 선택해야할 때, 자기 안에 평화를 귀히 여겨 욕심을 내려놓을 때, 마음의 보약을 한 모금 들이키는 행위가 그림책 저널치료입니다.

마음으로 다가오는 자기계발의 책을 쓰고 싶었습니다. 진리는 고정불변이 아니요, 마음을 울리는 역동에서 새로 태어나니까요. 머리로 판단하지 않고 의지로 다그치지 않고 때가 이르도록 기다리는 중에 바른 인식의 힘이 형성되니까요. 진정한 인간적 감정에 기초한 성장이 오늘의 세기를 살아가는 공동체의 리더십이라고 생각합니다. 막상 원고작업을 마치고 나니 황망한 마음을 떨쳐내기가 두렵습니다. 해방된 마음이 곧 평화의 씨앗이라고 생각합니다. 신의 은총에 힘입어 한 권의 책을 마칩니다. 이로써 평화의 화분을 갖게 되었습니다. 단 몇 분의 독자에게라도 모종되어 싹이 나고 꽃이 피어나기를 진심으로 희망합니다. 평화의 향기가 두볼을 간질이며 온 세상에 퍼져나가기를 희망합니다.

도서출판 처음 편집부의 여러분이 곁에 있어 더 즐거웠습니다. 한 땀 한 땀 지우고 바꾸고 덧붙이고 꾸미며 깃들인 정성에 감사드립니다. 그리고 말없는 격려와 지지로 지켜보아준 이들께 감사인사를 꾸벅 올립니다.

2018년 6월

한성규

【 그림책 목록 】

『비밀이야』

박현주 지음 | 이야기꽃 | 2016년 11월 30일 출간

『에디트 그리고 에곤 실레』

하리엣 반 레이크 지음 | 신석순 옮김 |
하리엣 반 레이크 그림 | 톡 |
2016년 08월 30일 출간

『꼬마 책 굿』

쿄 맥클리어 지음 | 위문숙 옮김 |
마리옹 아르보나 그림 | 주니어김영사 |
2016년 01월 21일 출간

『베개애기』

송창일 지음 | 이영림 그림 | 개암나무 |
2014년 09월 30일 출간

『로지의 산책』

팻 허친스 지음 | 오정환 옮김 | 더큰컴퍼니 |
2007년 01월 01일 출간

『꿈의 화가, 르네 마그리트』

클라스 베르플랑케 지음 | 클라스 베르플랑케 그림 |
주니어RHK | 2016년 06월 24일 출간

『내가 정말?』

최숙희 지음 | 최숙희 그림 | 웅진주니어 |
2011년 12월 07일 출간

『프레드릭』

레오 리오니 지음 | 최순희 옮김 | 시공주니어 |
2017년 01월 15일 출간

『고릴라』

앤서니 브라운 지음 | 장은수 옮김 | 비룡소 |
2008년 06월 20일 출간

『빨래하는 날』

프레데릭 스테르 지음 | 배형은 옮김 |
프레데릭 스테르 그림 | 파랑새 |
2011년 06월 10일 출간

『트롬본 쇼티』

트로이 앤드류스 지음 | 정주혜 옮김 |
브라이언 콜리어 그림 | 담푸스 |
2017년 01월 10일 출간

『플라스틱 섬』

이명애 지음 | SANG | 2014년 03월 20일 출간

마음 따뜻한 12가지 문답
그림책 저널치료

초판 1쇄 발행일 / 2018년 6월 10일

지은이 | 한성규
발행처 | 도서출판 처음
발행인 | 박성대

등록번호 | 제22 - 669호
등록일자 | 2001년 10월 15일
주소 | 12501 경기도 양평군 서종면 잠실2길 56 (도장리)
전화 | 0505-309-3927
팩스 | 031-629-7347
이메일 | bookcoop17@naver.com
주문처 | 북큽(BOOKCOOP)

가격 | 10,000원

ISBN 978 - 89 - 89918 - 72 - 1

도서출판 처음은 세상을 만드신 하나님의 처음 뜻과
하나님을 향한 우리의처음 사랑이 모든 사람들의 삶 속에서
회복되고 세워지기를 돕기 위한 공동체입니다.